Béatrice du Congo

Bernard B. DADIÉ

Béatrice du Congo

pièce en trois actes

PRÉSENCE AFRICAINE
25 bis, rue des Écoles - 75005 Paris

ISBN 2-7087-0598-9

A Emma Rosalie
Assamala Koutoua,

à mes frères et sœurs

et à tous les Amis.

ACTE I

PREMIER TABLEAU

DEPART POUR L'AVENTURE

(Musique occidentale qui domine la musique arabe.)

Appels des muezzins entrecoupés de faibles sons de cloches espacés; battements de mains; la musique arabe faiblit; la musique occidentale croît; en sourdine les sons de cloches plus précipités pour devenir tocsin.

Coups de fusils multiples; bruit de foule, hennissements de chevaux.

Le rideau s'ouvre sur une fin de bataille... des morts des deux camps.)

PREMIER SOLDAT, *poursuivant l'ennemi :* Hors d'Europe !

SECOND SOLDAT : Mort aux infidèles !

(Tocsin.)

TROISIÈME SOLDAT : Ceuta ! Ceuta !

(Il indique la ville.)

TOUS : Ceuta ! Mort aux infidèles !

(La foule en délire entre; dans cette foule se font remarquer des hommes portant des habits marqués aux initiales des compagnies, des coiffures aux couleurs des compagnies.)

LA FOULE : Victoire ! Gloire à Dieu ! Mort aux Infidèles ! Ceuta ! Ceuta !

> (*La foule danse la ronde...*
> *Eclate le* Te Deum; *les cloches recouvrent tout de leurs voix.*)

PREMIER SOLDAT : Hissez partout le drapeau de la victoire !

LA FOULE.

1ᵉʳ groupe : Ceuta !

2ᵉ groupe : Victoire !

1ᵉʳ groupe : Ceuta !

2ᵉ groupe : Victoire !

SECOND SOLDAT : Que devant nous s'étende la forêt des étendards de la victoire !

LA FOULE, *exhibant des étendards.*

1ᵉʳ groupe : Ceuta !

2ᵉ groupe : Victoire !

1ᵉʳ groupe : Ceuta !

2ᵉ groupe : Victoire !

ENSEMBLE : Mort aux infidèles !

> (*La foule chante, danse et sort lentement.*
> *Bruits lointains de l'océan.*
> *Apparition d'un héraut sonnant de la trompette, il précède Henri le Navigateur que suit Diogo Çao.*)

HENRI : Enfin, les voilà partis ! Vaincus ! Les barbares qui depuis des siècles écumaient le pays ! La force a vaincu la force pour redonner à chacun le goût de vivre, le goût de l'aventure. Cette victoire restera gravée en lettres de feu dans notre histoire.

DIOGO : Des siècles de patience !

HENRI : La leçon de Ceuta ? Elle est simple. Aucun tyran, si puissant soit-il, ne peut des siècles durant opprimer tout un peuple.

DIOGO : Finis les enlèvements, les emprisonnements, l'insécurité...

HENRI : La liberté reconquise... Tous ces biens à nous, sans partage. La terre...

DIOGO : Nôtre.

HENRI : Le ciel...

DIOGO : Nôtre... Enfin travailler pour soi, peiner pour les siens et non plus pour d'autres et leurs enfants...

HENRI : Renverser le cours de l'histoire...

DIOGO : Danser pour soi, pour les siens et non plus pour distraire un occupant; planter des fleurs pour notre plaisir et non plus pour celui d'un maître. Enfin, travailler, souffrir et même mourir pour son pays et non plus pour la fortune d'autres pays ! Seigneur !

HENRI : Diogo ! Tout est redevenu Bitandais.

DIOGO : Le ciel, le soleil, le temps.

HENRI : Les barbares avaient formé le projet audacieux de mettre notre avenir en cage... Nous étions devenus des appendices, des sujets, des bibelots dans l'histoire des autres, des hommes qui n'étaient plus des hommes, mais des producteurs d'impôts, de taxes, de richesses pour d'autres. Diogo, les rêves prodigieux des barbares viennent de s'évanouir.

DIOGO : Nous avons marché sur les traces de votre très illustre ancêtre Alphonse qui défit cinq rois maures à Ourique. Vous redonnez à tous goût à l'existence, seigneur; la racaille barbaresque a fui devant le valeureux capitaine, le foudre de guerre que vous êtes. Cavaleries, fantassins, tout a fondu comme neige en été.

HENRI : Diogo. Les Maures, espèce difficile à dompter. Multiples sont leurs ruses; quant à l'histoire, elle est gorgée de leurs méfaits. Notre terre porte témoignage. Aveuglement et obstination, leurs moindres défauts.

DIOGO : Avec quelle allégresse sonnent les cloches ! Ecoutez-les seigneur ! Dieu nous a donné la plus belle des victoires.

HENRI : Diogo, il nous faut les poursuivre, les écraser, les enfumer dans leurs tanières, dans leurs repaires. Dieu nous en donne licence, la preuve, notre fulgurante victoire.

DIOGO : Oui, seigneur, les tailler en pièces, porter la guerre chez eux au-delà de Ceuta ! Pas de quartier... Que plus jamais envie ne leur vienne de guerroyer.

HENRI : « Qui tirera l'épée, périra par l'épée », or ils ont tiré l'épée, le sabre, le fusil; il est normal qu'ils périssent tous par le sabre, le fusil, l'épée. N'ont-ils pas dépeuplé, affaibli, ruiné le pays ? Notre pays naguère puissant et riche ?

DIOGO : Chrétiens, on aurait compris au nom de quel dieu ils commettaient leurs crimes, mais...

HENRI : Notre devoir après la victoire éclatante que nous accorde le ciel est de propager la véritable religion, de la porter aux confins de la terre... du monde.

> (*Echos des chants du peuple en liesse.*)

— 12 —

DIOGO : Quels confins, seigneur ?

HENRI : Planter la croix partout où peut se trouver un être vivant priant Dieu autrement que nous.

DIOGO : Oui ! oui ! seigneur... jusqu'aux confins du monde... la croix.

HENRI : Ne sommes-nous pas devenus la mesure, Diogo ! Ne sommes-nous pas appelés à modeler le monde ? A être le pasteur, le nouvel ange au glaive flamboyant !

(*Les cloches tintent.*)

A porter par le monde la voix angélique des cloches ! Les entendre partout chanter, matin, midi et soir... appeler les hommes où qu'ils soient à dire et redire les mêmes prières... C'est ça l'unité du monde... la mission qui nous échoit...

(*Les cloches tintent.*)

Chanter pour les naissances...

DIOGO : Les mariages...

HENRI : Les victoires...

DIOGO : Les morts.

(*Ils se signent.*)

HENRI : Y a-t-il chrétien, digne de ce nom, qui refuserait de se mettre au service de Dieu ?

DIOGO : Tous les Bitandais sont prêts à mourir pour la plus grande gloire de Dieu... et aussi pour votre gloire...

HENRI : La gloire de Dieu et ma gloire...

DIOGO : Pour la même gloire.

(*Une marchande de fleurs passe.*)

LA MARCHANDE : Les belles fleurs ! Les belles roses ! Les roses de la victoire... Des roses pour les belles dames...

HENRI, *paie une rose et l'offre à la marchande* : Pour les belles dames ! La femme du Bitanda, la femme de la victoire... Les fleurs mêmes se revêtent de couleurs nouvelles, distillent un parfum plus suave. (*Palpant l'air.*) Lui aussi a une autre ténuité... il est devenu plus fluide, plus tonifiant... Le sens-tu ?

(*Il aspire l'air à pleins poumons.*)

DIOGO : Oui. Une autre transparence... Tout maintenant éclate de vie. L'occupation barbare des infidèles n'avait-elle pas arrêté, figé le cours de toute évolution ?

HENRI : La nature fête l'événement Diogo ! Cette fête ne doit pas avoir de fin... Ne tient-il pas à nous de devenir les maîtres du monde ?

(*Bruits d'océan.*)

DIOGO : Seigneur, que l'éblouissante victoire de Ceuta... que la foudroyante défaite des barbares...

HENRI : La victoire de Ceuta, c'est le pied à l'étrier. La cavale attend pour nous porter partout où nous voudrons... même au-delà du bout du monde. Il nous fallait Ceuta !

(*Bruits d'océan.*)

Allez partout ! A Sagres, pilotes, cartographes, savants, constructeurs de bateaux attendent... Marco Polo ! Marco Polo, ne sommes-nous pas plus audacieux que les Vénitiens ? Ont-ils jamais remporté de victoire aussi éclatante, aussi fulgurante que la nôtre ? Je veux bâtir ici la Casa da guinea e Mina; là, la Casa da India...

(La foule revient, chante, danse. Clo-
ches. Te Deum.

Elle ressort.)

HENRI : Un peuple sain, jeune, fort, que les barbares ont tenté de réduire en esclavage.

DIOGO : Le peuple Bitandais est un peuple pro-
mu aux plus hautes destinées sous le règne de
votre seigneurie.

HENRI : Oui, Diogo ! laver l'affront ! Nous laver
de toutes les impuretés, de toutes les peurs
inculquées. Appelés à un destin fabuleux.

(Bruits d'océan continus, plus forts.)

Appel à l'aventure, à la plus grande aventure
du siècle ! Invite à sortir de nos frontières, à
respirer le vent tonifiant, du large... Diogo ! Il
est nôtre, l'océan !

DIOGO : Oui, Seigneur.

HENRI : Mais sur l'autre rive, l'infidèle occupe
toujours la terre sainte. Il nous faut libérer le
tombeau du Christ, donner à notre triomphe sa
vraie dimension, une dimension colossale.

DIOGO : Le tombeau du Christ...

HENRI : Sous la lueur blafarde du Croissant,
j'en ai l'insomnie...

DIOGO : Le tombeau du Christ...

HENRI : Entouré par des barbares, côtoyé par
des infidèles, par les ennemis de la croix, les
ennemis de notre ci-vi-li-sa-tion... Une épreuve
que nous impose Dieu. Une alliance avec le prêtre Jean, non seulement enrichirait le paradis
de nouvelles âmes mais nous donnera la première place dans les cours de la chrétienté.

DIOGO : Seigneur, que ne ferait le peuple bitandais lorsqu'il est commandé par un génie tel que vous !

(Sirène de caravelle.)

HENRI : Diogo ! le cap Juby... il faut aller au-delà du cap Juby.

DIOGO : Le cap Juby ! Souffrez seigneur...

(Sirène de caravelle.)

HENRI : Diogo ! Il faut aller au-delà du cap Juby.

DIOGO : Bien qu'habitués à tous les dangers, nos hommes résisteront-ils à la fournaise tropicale, aux pluies diluviennes, aux colères violentes d'une nature indomptée ?

HENRI : Nos hommes ! Oui... oui !... eh bien, je ferai ouvrir les portes de toutes les prisons du Bitanda... Je ferai rassembler le ban et l'arrière-ban de...

DIOGO : Seigneur !

HENRI : Diogo, il faut aller au-delà du Cap Juby... pour l'honneur et la gloire du Bitanda. Sur chaque langue de terre, sur chaque côte, chaque promontoire, presqu'île, vous planterez un padron portant cette inscription : « Pour l'amour de Dieu et de par la grâce de Dieu, le Bitanda a abordé cette terre pour le plus grand bonheur des hommes. »

DIOGO : Les marins sont maintenant difficiles à tenir, surtout les marins chrétiens...

HENRI : Dites-leur de penser plus à l'amour qu'à manger et à boire.

DIOGO : Ils y pensent très sérieusement, seigneur. Ils ne pensent qu'à cela à longueur de journée.

HENRI : Diogo, cela me rassure sur l'avenir du Bitanda... Difficiles à tenir...

DIOGO : De plus en plus difficiles à tenir les marins bitandais.

HENRI : Parlez-leur de l'Atlantide, de l'Atlantide !

DIOGO : Plus jamais Seigneur, ils ne veulent plus en entendre parler.

HENRI : Et pourquoi ?

DIOGO : Vous l'ignorez sans doute, Seigneur, mais y a-t-il être plus superstitieux au monde qu'un marin du Bitanda ?

HENRI : Ah ! la peur...

DIOGO : Une peur, une peur terrible, irraisonnée, qui leur prend aux tripes et monte à la cervelle...

HENRI : N'ont-ils pas déjà reçu des indulgences plénières pour la croisade contre les infidèles des côtes barbaresques ? Notre ambition n'est-elle pas de vivre un jour parmi les saints et les anges ?... Dites-leur qu'ils ont tout à gagner à commencer par le paradis s'il leur advenait de tomber sous les balles des fusils impies. Mais je demeure convaincu que saint Georges sans cesse combattra pour nous et toujours nous donnera la victoire. Et puis quel que soit le danger que vous rencontrerez, l'espoir de la récompense sera plus grand.

> (*Retour de la foule joyeuse, chants, danse.*)
>
> *Sortie de la foule.*)

En vérité, je suis stupéfait de ces terreurs que vous vous faites à propos de dangers improbables.

Diogo : Seigneur.

Henri : Vous me parlez tous sur la foi de quatre marins qui, à peine détournés des ports vers lesquels ils ont l'habitude de naviguer ne savent plus lire leur boussole et leur carte.

Diogo : Toutes les cartes sont faussées.

Henri : Qui ne le sait, Diogo ! Qui ne sait que notre temps est le temps des faux en tous genres ? La place exceptionnelle que nous venons de conquérir dans le cœur des chrétiens nous commande de balayer tous les obstacles. Quoi que nous entreprenions, où que nous soyons, la prière ardente de milliers de fidèles nous accompagne. C'est pourquoi, Diogo, il nous faut aller au-delà du Cap Juby, partout où brille le soleil, partout où règnent les ténèbres pour y apporter la blanche lumière de l'amour, l'ardent amour de la foi.

(Les cloches tintent plus fort.)

Ah ! Diogo ! Ces voix émouvantes des cloches parties de toutes les cathédrales et églises du royaume comme pour nous dire : « Allez, allez ! Dieu le veut. Des légions d'anges vous protègent. » Oui, que recèlent-ils, les Jardins de l'Enchantement, les terres vierges, les Isles des Délices, les Sept Cités merveilleuses ? De fabuleuses richesses nous y attendent sans compter la gloire, l'im-mor-ta-li-té. Il nous faut en outre arracher aux infidèles dont le mépris pour la femme est si grand qu'ils l'enferment dans des harems; ces barbares dont la jalousie est si vive, si aveugle qu'ils voilent la créature sublime qu'est la femme; il faut, dis-je, leur arracher le monopole de la vente de la cannelle, du gingembre, des clous de girofle, de la soie, de l'encens, du musc, de l'ivoire... *(Silence.)* De l'or, Diogo ! de l'or ! L'or.

Premier financier, *apparaît accompagné d'un acolyte* : Que dites-vous, Seigneur ?

Henri : L'or, les diamants.

Le financier : Les diamants.

Henri : Les rubis, les mines inépuisables de richesses.

L'acolyte : Les mines inépuisables de richesses.

Henri : Les fleuves roulant des pépites d'or.

Le financier : Le Rio de Oro... Le Rio de Oro.

L'acolyte : Le Rio de Oro, Seigneur, Dieu. Heureux ceux qui vivent sans souci du lendemain, qui traversent l'existence par temps calme et vous prient sans larmes dans la voix... Le Rio de Oro !

Henri : Les esclaves, les monopoles, les bénéfices énormes.

Le financier : Des bénéfices énormes ?

Henri : Colossaux.

Le financier : Colossaux ! Colossaux !

L'acolyte : Dieu vienne en aide à ceux qui bravent giboulées, avalanches et misères en cascades... De l'or ! Des bénéfices énormes, colossaux... des montagnes de bénéfices.

Henri : Fabuleux.

Le financier et son acolyte : Fa-bu-leux...

Henri : La fortune à votre portée. Devenir plus riche que le roi Salomon.

LE FINANCIER : Que le roi Salomon !

HENRI : Plus fortuné que Crésus.

L'ACOLYTE : Que Crésus !

HENRI : Que tous les rois d'Occident réunis.

DIOGO, LE FINANCIER, L'ACOLYTE, *se regardant* :
Que tous les rois d'Occident réunis.

HENRI : Je parle de bénéfices sans taxes, sans
impôts.

LE FINANCIER ET L'ACOLYTE : Sans taxes, sans
impôts !

HENRI : Pourrais-je ajouter aux rigueurs éven-
tuelles du climat des rigueurs fiscales ?

L'ACOLYTE : Quel puits insondable de bonté !

LE FINANCIER : Quelle mine de compréhension !

HENRI : Le fait de vous expatrier, de vous pla-
cer à l'extrême pointe de notre combat, mérite
le respect le plus absolu.

LE FINANCIER ET L'ACOLYTE : Que le Seigneur
vous bénisse, seigneur.

HENRI : Il vous sera donc réservé le sort le plus
privilégié que souverain puisse accorder à ses
serviteurs les plus fidèles, et les plus soumis...
et les plus désintéressés aussi, car je dis bien
et je le répète, des bénéfices sans taxes, sans
impôts...

LE FINANCIER : Rien ?

HENRI : Des bénéfices francs Messieurs, francs.

DIOGO, LE FINANCIER, L'ACOLYTE : Des bénéfices
francs !

LE FINANCIER : Et si le succès ne venait pas couronner nos efforts ?

HENRI : Que dites-vous ?

LE FINANCIER : Si le sort malgré les prières ardentes du peuple nous était contraire ?

HENRI : L'Etat que je suis vous rembourserait avec intérêts...

L'ACOLYTE : Intérêts composés ?

LE FINANCIER : En somme nous ne courrons aucun risque ?

HENRI : Aucun, aucun risque...

LE FINANCIER ET L'ACOLYTE : Aucun risque. Une affaire en or !

HENRI : Il vous suffit d'oser.

DIOGO : Oser ?

LE FINANCIER : Oser ?

L'ACOLYTE : Oser...

HENRI : Entrons tous vivants dans l'histoire.

LE FINANCIER : L'histoire...

L'ACOLYTE : Que gagne-t-on à entrer vivant dans l'histoire ?

LE FINANCIER : Salomon, Crésus, tous les rois d'Occident réunis...

HENRI : Notre entreprise va bouleverser l'économie du monde... Notre ville sera la capitale de l'or, du négoce... le centre nerveux du monde...

DIOGO : Conquérir les cœurs ?

HENRI : Ayant les cœurs, nous aurons les couronnes. Les femmes couvertes d'or couvriront leurs hommes de baisers.

DIOGO : Chacun chantera les louanges du Bitanda.

HENRI : Et nous continuerons en toute sécurité notre entreprise de régner sur les cœurs, sur les esprits. Nous instituerons les monopoles qu'il nous plaira.

DIOGO : Pouvons-nous, Seigneur, voler des chrétiens, dépouiller des chrétiens, affamer des chrétiens ? Quelle fortune en ce siècle peut s'édifier qui ne soit au détriment des autres ?

HENRI : Les autres, ce seront les autres, mais certainement pas les chrétiens.

LE FINANCIER : Votre parole, Seigneur, ne saurait être mise en doute. Vous êtes certes le Sauveur,

L'ACOLYTE : Le libérateur...

LE FINANCIER : De la patrie,

L'ACOLYTE : Le père...

LE FINANCIER : De la Nation,

L'ACOLYTE : Le sage...

LE FINANCIER : Du continent.

L'ACOLYTE : Mais nous autres, nous travaillons sur du papier.

LE FINANCIER : A toutes nos opérations, il faut des traces.

L'ACOLYTE : Les lois l'exigent.

LE FINANCIER : En outre, il peut advenir...

L'ACOLYTE : Quelque accident.

LE FINANCIER : L'avenir recèle tant...

L'ACOLYTE : De pièges...

HENRI : C'est vrai.

LE FINANCIER : Nous avons vu des fortunes qui paraissent fermes,

L'ACOLYTE : Solides,

LE FINANCIER : Florissantes...

L'ACOLYTE : Extrêmement inébranlables...

LE FINANCIER : Crouler du jour au lendemain,

L'ACOLYTE : Comme emportées par le plus dévastateur des ouragans qui soufflent sur les situations les plus rassurantes...

LE FINANCIER : Aussi...

L'ACOLYTE : Si votre seigneurie...

LE FINANCIER : Voulait bien accepter...

L'ACOLYTE : D'apposer...

LE FINANCIER : ... Sa griffe...

L'ACOLYTE : Auguste, au bas...

(*Il sort un papier.*)

LE FINANCIER : De ce document.

HENRI : Je signe...

> (*Apparaissent successivement deux autres financiers.*)

LE FINANCIER, *désignant le second qui entre* : Il finance ?

LE SECOND FINANCIER, *désignant le premier* : Tu finances ?

LE TROISIÈME FINANCIER, *désignant les autres* : Vous financez ?
TOUS LES FINANCIERS : Nous fi-nan-çons !

> (*Soupirs.*)

HENRI : Diogo ! La gloire ! Ton nom sur toutes les lèvres...

PREMIER FINANCIER : Les lèvres des enfants...

L'ACOLYTE : Les lèvres fleuries des femmes...

SECOND FINANCIER : Dans tous les documents...

TROISIÈME FINANCIER : On parlera de ton audace...

LE FINANCIER ET L'ACOLYTE : De notre esprit d'aventure, de notre abnégation...

PREMIER FINANCIER : Ta statue aux carrefours...

L'ACOLYTE : Sur les places publiques...

SECOND FINANCIER : A l'entrée des cités.

HENRI : Diogo !

L'ACOLYTE : Sous le porche des églises et le parvis des cathédrales.

HENRI : Diogo !...

LES FINANCIERS : On nous aura tous oubliés, mais on parlera...

L'ACOLYTE : Encore et toujours...

LES FINANCIERS ET L'ACOLYTE : De toi... Diogo ! Diogo ! Diogo !

>   (*Bruits d'océan.*)

La gloire !...

DIOGO : La gloire ! Même si un creux de vague devait être mon tombeau.

LES FINANCIERS ET L'ACOLYTE : L'immortalité...

DIOGO : Et une lame furieuse la dalle de ce tombeau...

LES FINANCIERS : Diogo !...

L'ACOLYTE : Le porche des églises et le parvis des cathédrales...

LES FINANCIERS : Les carrefours et les places publiques... les honneurs en toutes saisons...

L'ACOLYTE : Cité en exemple.

PREMIER FINANCIER : Modèle...

SECOND FINANCIER : Mesure...

TROISIÈME FINANCIER : Etalon !...

HENRI : Soldat au service de l'Occident c'est-à-dire du Bitanda, sois curieux et perspicace...

DIOGO : Je pars...

LES FINANCIERS : Nous partons !

HENRI : N'oubliez pas mon message.

DIOGO : Pour l'amour de Dieu...

PREMIER FINANCIER : Et de par la grâce...

TOUS LES FINANCIERS : De Dieu.

SECOND FINANCIER : Le Bitanda a abordé...

TROISIÈME FINANCIER : Cette terre...

LES FINANCIERS : Pour le plus grand bonheur
des hommes...

> (Te Deum, *cloches, chants, la foule re-*
> *vient.*
> *Cris, danses.*
> *Les hommes portant des habits aux mar-*
> *ques et des coiffures aux couleurs des*
> *compagnies sont plus nombreux.*)

RIDEAU

A M'BANZA CONGO

(Fond de chants, tam-tams, coups de pilons, rires, appels.
Sous des cônes de lumière des scènes de vie se succèdent.

1°) Des jeunes filles chantent en allant puiser l'eau à la rivière.

2°) Sur le même rythme de musique :
a) des hommes abattent des arbres;
b) un enfant sème du riz à la volée;
c) deux hommes préparent des huttes;
d) deux femmes plantent du maïs;
e) un groupe de femmes et d'hommes récoltent du riz;
f) sur un autre rythme de musique tous se retrouvent pour manger, les femmes d'un côté, les hommes de l'autre.

Rires, chasse aux tsé-tsés et aux taons.

3°) Scène de chasse. Un chasseur,
accompagné, guette le gibier. Il avance,
fait signe en vain à l'autre homme de
s'arrêter; gestes désespérés du chasseur
qui livre une guerre aux taons et autres
bestioles qui le piquent.

Il se couche, se redresse, rampe, casse
des branches, etc...)

LE CHASSEUR : Une panthère...

LE COMPAGNON : Une panthère... En cette pé-
riode ?

LE CHASSEUR : Evidemment ce n'est pas encore
le temps de leur apparition.

LE COMPAGNON : Mais est-ce aussi celui des autres ? Avec eux, il faut s'attendre à tout...

LE CHASSEUR : Un mâle superbe... Elle flaire le
vent...

LE COMPAGNON, *qui l'aperçoit :* Ça doit être une
vraie panthère... Il faut tirer... avant qu'elle ne
nous attaque...

(Le chasseur avance, vise, tire. Un long
cri d'homme blessé.

La lumière se braque sur un homme que
les chasseurs emportent.

4°) Sur un sentier se croisent des gens
de tribus différentes. Un homme armé
de lance, d'arc, de carquois, de flèches,
suivi de deux femmes surchargées; deux
hommes armés et une femme, elle aussi
surchargée portant un enfant au dos.
L'un des hommes après avoir bu pour-
suit la conversation.

PREMIER HOMME : Je disais donc qu'il y a eu la
guerre entre les Bateké et les Yaka.

DEUXIÈME HOMME : Elle a dû être épouvantable.

PREMIER HOMME : Vingt morts d'un côté, quarante de l'autre...

TROISIÈME HOMME : Jamais de mémoire d'hommes il n'y a eu autant de morts dans une guerre.

DEUXIÈME HOMME : Et pourquoi cette fureur de se détruire ?

PREMIER HOMME : Des vétilles longtemps accumulées, des plaies de langue jamais débridées. Nous partons pour la cérémonie de purification de la terre.

DEUXIÈME HOMME : Il faut laver le sol du sang qui l'a souillé.

TROISIÈME HOMME : Apaiser le sang versé sinon la guerre s'installera à demeure dans le pays.

PREMIER HOMME : Faire corps avec le monde, prêter attention à tout, cohabiter avec toutes les créatures n'est pas toujours facile.

DEUXIÈME HOMME : Ainsi va et toujours ira le monde.
(Les femmes s'impatientent.)

UNE FEMME : Il serait bon d'arriver avant la tombée de la nuit.

DEUXIÈME FEMME : La coutume le veut.

PREMIER HOMME : Que Dieu vous bénisse.

DEUXIÈME HOMME : Et vous aussi.

TROISIÈME HOMME : Que vos jours soient longs et heureux.

PREMIER HOMME : Les vôtres aussi.

Deuxième homme : Que la paix élise domicile dans votre maison.

Premier homme : Et chez vous aussi.

Troisième homme : Que notre voyage soit sous le regard des dieux.

Premier homme : Qu'ils nous entendent et nous aident.

Deuxième homme : Nos salutations aux membres de votre famille.

Premier homme : A tous les vôtres aussi, nos salutations.

> (*Ils poursuivent leur chemin sans regarder derrière eux.*
> 5°) *Jugement au village.*
> *Au centre le roi et les notables; à droite les accusés; à gauche les plaignants et l'homme blessé couché sur une natte.*
> *Une femme se lamente. Les partis se menacent; le roi sourit, imperturbable.*
> *Les femmes les plus excitées poussent des « you you ». Quelques-unes en viennent presque aux mains. Des hommes rient.*)

Une femme, *du camp des accusés* : C'est une injustice... une injustice...

Des hommes : A l'amende ! A l'amende !

La femme : On ne peut plus dire ce qu'on pense d'un jugement ?

Un notable : Justice a été rendue, tout le monde en doit être satisfait.

> (*Murmures divers.*)

LA FEMME : Sorciers, diables et hommes panthères n'ont plus qu'à faire la loi... Il faut les tuer... les tuer tous...

> (*Murmures divers. Coups des tam-tams qui deviennent de plus en plus distincts.*
> *Le silence naît.*
> *Les hommes tendent l'oreille.*)

PREMIER NOTABLE : Un homme blanc vient de débarquer.

> (*Tam-tam.*)

Il vient du Bitanda.

SECOND NOTABLE : Ils sont trois.

> (*Tam-tam. L'homme blessé est emporté par ses parents.*)

PREMIÈRE FEMME : En route pour M'Banza Congo.

PREMIER HOMME : Les Bitandais n'ont rien à faire ici.

DEUXIÈME FEMME, *aux hommes* : Dites-leur de repartir. Ne se sont-ils pas trompés de chemin ?

DEUXIÈME HOMME: Il faut leur déclarer la guerre.

TROISIÈME FEMME : Sommes-nous jamais allés chez eux ?

PREMIER HOMME : Les Bitandais n'ont rien à faire au Congo !

> (*Tam-tam plus fort.*)

PREMIER NOTABLE : Saluer le roi.

PREMIER HOMME : Beau prétexte. Ils n'ont rien à faire au Congo !

> (*Tam-tam.*)

PREMIER NOTABLE : Saluer le roi.

(*Tous regardent le roi.*)

LE ROI : Laissez-les venir. Avant de les chasser sachons au moins pourquoi ils viennent. Tout étranger n'est-il pas un envoyé des dieux? N'est-ce pas l'hôte qui par ses façons de faire s'exclut lui-même de la famille ?

PREMIÈRE FEMME : L'enfant qui quitte la maison pour aller si loin rarement est un bon enfant.

(*Rires des uns, approbation des autres. Le tam-tam.*)

DEUXIÈME NOTABLE : Trois blancs débarqués à Mpinda sont en route pour M'Banza Congo. Est-ce pour notre bonheur ?

(*Il regarde le prêtre indigène qui tranquillement tire sur sa pipe.*)

UN HOMME : Malheur souvent a visage de bonheur.

LE PRÊTRE INDIGÈNE : Les dieux ont mille façons de mener leurs affaires; et c'est ce qu'ils veulent qui se fait.

(*Bruits au-dehors, entrée des trois blancs.
Une femme s'évanouit ; on l'emporte.*)

MAMAN CHIMPA VITA : Malheur ! Le malheur vient de franchir les portes du royaume.

LE PRÊTRE INDIGÈNE: Vent d'hivernage n'apporte pas toujours la pluie... et couleur de deuil, n'est pas toujours couleur de mort.

DIOGO, *s'inclinant, salue comme à la cour, ses compagnons l'imitent :* Honorable souverain, je vous apporte les royales salutations de Dom

Joāo, par la grâce de Dieu, Roi du Bitanda et des Algarves, d'ici et d'au-delà des mers, en Afrique, Seigneur de la Finance et de la Conquête, Navigation et Commerce.

(*Des sièges sont avancés.*)

PREMIER NOTABLE : Asseyez-vous; étanchez votre soif, ensuite vous nous parlerez de votre pays...

(*On apporte à manger. On boit.*)

Le Mani Congo est heureux de vous accueillir; que votre entrée dans le royaume apporte à tous paix et bonheur.

DIOGO : Un pays fort merveilleux; des richesses immenses, insoupçonnées; au long du chemin, je ne cessais de me demander si je ne rêvais pas...

LES DEUX COMPAGNONS : Nous croyions avoir atteint le paradis terrestre.

LE PREMIER COMPAGNON : Les arbres...

LE SECOND COMPAGNON : Les fleuves...

LE PREMIER COMPAGNON : Les couleurs...

LES DEUX COMPAGNONS : Par leur profusion...

LE SECOND COMPAGNON : Les oiseaux nous faisant cortège.

LE PREMIER COMPAGNON : Un pays de contes de fée.

DEUXIÈME NOTABLE : Dieu donne à chaque peuple son lot de richesses...

DIOGO : Quelle sagesse ! A chaque peuple son lot de richesses.

(*Les autres prennent des notes.*)

Deuxième notable : Et à chaque homme sa part de bonheur.

Diogo : Vous attendiez-vous à notre arrivée ?

Le premier notable : Oui... Les tam-tams nous en avaient prévenus.

(*Il regarde le prêtre indigène.*)

Mais bien avant les tam-tams, les dieux avaient annoncé l'arrivée, un jour, d'hommes d'une autre couleur.

Deuxième notable : Nous supposons qu'il s'agit bien de vous.

Diogo : Certainement; les dieux avez-vous dit ?

Premier notable : Bien sûr, les dieux...

Diogo : Et tout le monde pense comme vous ? Je veux dire peuple le ciel de plusieurs dieux.

Deuxième notable : Mais bien sûr... Ils sont avec nous... ici...

Premier notable : Partout...

Deuxième notable : Ils se mêlent à nous.

Premier notable : Vivent à nos côtés.

Maman Chimpa Vita : Le malheur est entré dans le royaume; les sages ne savent plus tenir leur langue. Le mouton fait parler le berger...

Premier notable : Quand le feu est dans la maison il prend toujours sa part de paille.

Diogo : Les voyez-vous ?

DEUXIÈME NOTABLE : Les sages ne sont pas toujours ceux qui se taisent. Il est parfois plus sage de parler que de se taire...

DIOGO : Les voyez-vous ?

PREMIER NOTABLE : Le silence qui instruit est pire que la parole...

DIOGO : Enfin... les voyez-vous ?

DEUXIÈME NOTABLE : Il y a ceux qui les voient et les entendent.

DIOGO : Ils voient les dieux et les entendent.

DEUXIÈME NOTABLE : Mais en fait, est-il vraiment besoin de les voir ?

LA FOULE : Non !

DIOGO, *à ses compagnons* : Une foi à soulever toutes les montagnes du Bitanda.

PREMIER NOTABLE : Ils chantent.

DEUXIÈME NOTABLE : Et dansent...

LA FOULE : Avec nous !

PREMIER NOTABLE : Mangent...

DEUXIÈME NOTABLE : Et boivent...

LA FOULE : Avec nous.

PREMIER NOTABLE : Ce que nous possédons appartient aussi bien aux hommes, qu'à nos...

DIOGO : Partagez-vous donc tout ?

La foule : Oui... tout... tout !...

Diogo, *à ses compagnons* : Ici, commence le fossé entre les hommes qui partagent tout même leurs dieux et ceux qui refusent tout aux hommes et même à leur dieu...

Deuxième notable : Il faut être nombreux pour chanter et danser.

Un homme : Les dieux aiment les foules heureuses.

Diogo : Un gouffre.

Premier notable : Notre force réside dans notre nombre.

Deuxième notable : Avoir beaucoup d'enfants est une bénédiction des dieux...

Un homme : Notre fortune, les femmes, les enfants...

La foule : Beaucoup d'enfants...

Diogo : Un abîme.

Premier notable, *montrant un vieux* : Tenez, celui-ci par exemple, il a dix femmes et cinquante enfants...

> (*L'homme se gratte la tête, compte sur ses doigts.*)

La foule : Soixante.

Diogo : Et tu continues ?

Le vieux : Oui, je fais comme les autres.

Diogo : Et s'ils devaient en mourir ?

Le vieux : Je pense à la vie, car ce qui compte, c'est la vie. Ah ! jeune homme, ce n'est pas tout de braver océan et tempêtes... le véritable océan, c'est la vie...

Premier compagnon : Un véritable réservoir de population.

Deuxième compagnon : De main-d'œuvre.

Deuxième notable : Il fait très froid la nuit... et le feu trop souvent s'endort aussi.

Diogo : Certainement pas aussi froid que chez nous. Dans notre pays il y a des mois où l'eau devient aussi dure que la pierre.

Deuxième notable : Un homme seul supporte mal la vie.

> (*Deux jeunes filles sont poussées vers Diogo.*)

Pour vous, vous seul.

Diogo : Mais enfin, Messieurs, mais enfin ! Vous comprenez, chez nous...

Premier notable : Un refus serait une offense très grave.

Diogo : Chez nous, Messieurs, chez nous... Voulez-vous ma mort ?

La foule : Non, ton bonheur.

Diogo : Que vais-je faire de deux femmes ? C'est contraire aux lois de mon pays.

Deuxième notable : Ici, c'est le Zaïre, chez le Mani Congo, et l'homme que vous êtes mérite d'être l'époux de cent femmes !

DIOGO : Cent femmes mon Dieu ! Cent femmes !...

PREMIER NOTABLE: Qui brave orages et tempêtes,

DEUXIÈME NOTABLE : Furies de l'océan et colères de la nature...

PREMIER NOTABLE : Facilement peut vaincre cent femmes.

DIOGO : Cent femmes ! Ont-elles le même caractère que celles de chez nous ?

DEUXIÈME NOTABLE : Nous ne connaissons pas les femmes de chez vous; les nôtres sont ce qu'elles sont; ne les refusez pas, le roi en serait vexé.

> (*La foule chante et danse autour de Diogo et de ses compagnons, qu'elle entraîne dans la ronde.*
> *On sert à boire.*)

PREMIER NOTABLE : Beaucoup de femmes...

DEUXIÈME NOTABLE : D'enfants...

PREMIER NOTABLE : Rendent patient...

DEUXIÈME NOTABLE : Donc sage.

PREMIER NOTABLE : Qui sait débrouiller les affaires de sa famille...

DEUXIÈME NOTABLE : Louvoyer entre les multiples rivalités...

PREMIER NOTABLE : De femmes...

DEUXIÈME NOTABLE : De cousins...

PREMIER NOTABLE : De neveux...

Deuxième notable : De tantes...

Premier notable : De beaux-parents...

Deuxième notable : Est seul capable de diriger les affaires publiques.

Diogo : La profonde sagesse.

Premier notable : On gâche sa vie en n'ayant qu'une épouse.

Deuxième notable : Avoir une seule femme, c'est démontrer que la circulation du sang est mauvaise...

Premier notable : Que le cœur est malade...

Deuxième notable : La digestion troublée...

Premier notable : La vision baisse...

Deuxième notable : Les reins engorgés...

Un vieux : Notre fortune, les femmes, les enfants.

Un autre vieux : Notre salut, les femmes, les enfants.

Premier notable : Ayez plusieurs femmes, des dizaines d'enfants et vous vous ferez moins la guerre...

Deuxième notable : Parce que chacun pensera sans cesse à ses propres femmes et enfants...

Premier notable: Aux vides que leur mort peut laisser dans la maison...

Deuxième notable : Dans le cœur...

Premier notable : La guerre ici n'est rentable pour personne, ni industrie, ni commerce...

La foule : Mais calamité pour tous.

Premier notable : Comprenez-vous maintenant pourquoi nous exigeons que chefs et notables soient mariés et aient beaucoup d'enfants ?

> (*Diogo fait apporter des cantines et distribue de la verroterie, du talc, des miroirs, du tabac, des bonnets, des faveurs, des boutons, des pipes, des morceaux d'étoffe, etc... de la liqueur.*)

La foule, *joyeuse* : Bon blanc... bon blanc. Notre frère.

> (*Chant.*)

Maman Chimpa Vita : Le malheur est entré dans le royaume· les sages ont perdu la raison.

> (*Elle est chassée.*
> *Diogo fait remettre au roi un parasol, des habits, un manteau, une cantine pleine d'habits.*
> *On boit, on danse.*)

Le prêtre, *avant de boire* : Dieux qui avez conduit ces hommes jusqu'à l'immense royaume du Zaïre, donnez-leur la force d'aimer toutes les femmes...

La foule : Toutes les femmes...

Le prêtre : Soutenez-les dans ce nouveau combat... Fortifiez leur cœur et leurs reins...

Une femme : Ils sont si pâles...

Le prêtre : Qu'ils mangent beaucoup, prennent des couleurs et deviennent aussi noirs...

Une femme : Que nos hommes.

LE PRÊTRE : Faites que jamais dans ce pays ils n'aient mal, même à un cil de leurs yeux de chaton. Donnez-leur une santé de fer et un cœur de vieux bouc.

> (*La foule applaudit. L'effet de l'alcool monte.*)

Faites surtout que lorsqu'ils rentreront chez eux se répande, au Bitanda, la mode d'avoir de nombreuses femmes...

> (*La foule soulève les trois blancs et danse. Des hommes titubent.*)

PREMIER NOTABLE : Les boissons des pays froids sont trop fortes pour les hommes des pays chauds.

DIOGO : Vous vous y habituerez.

LE PRÊTRE : Adoptés par les dieux et par nous, ce pays devient le vôtre.

PREMIER NOTABLE : Boire dans le même verre...

DEUXIÈME NOTABLE: Manger dans le même plat...

PREMIER NOTABLE : Coucher sous le même ciel...

DEUXIÈME NOTABLE : Fouler le même sol...

UN VIEUX : Respirer le même air...

LE PRÊTRE : C'est bien lier le destin de l'un au destin de l'autre. Nous sommes devenus frères.

> (*Joie de la foule. Chant.*)

DIOGO : Comment remercier Sa Majesté le Mani Congo et son peuple de tant de bonté ?

PREMIER NOTABLE : On ne saurait traiter autrement l'homme que vous dépêchent les dieux.

DIOGO : Auriez-vous entendu parler du Prêtre Jean ?

> (*Les gens se regardent.*)

PREMIER NOTABLE : Prêtre Jean ? Qui est-il ?

DEUXIÈME NOTABLE : Prêtre Jean ?

PREMIER NOTABLE : Qui est-il ?

DIOGO: Un très puissant souverain chrétien dont nous avons appris l'existence en Afrique.

PREMIER NOTABLE : Dites à votre roi qu'à partir de maintenant le seul ami qu'il ait sur ces bords, est le Mani Congo...

> (*Bruits de la foule.*)

Si pour conserver votre amitié, il lui faut être chrétien, nous sommes tous prêts à prier le même dieu que vous.

> (*Bruits de la foule.*)

Le Mani Congo aimerait acquérir des bateaux tels que les vôtres, et même visiter un jour votre pays....

LA FOULE : Votre amitié... l'amitié des Bitandais...

DIOGO, *exhibant un drapeau* : Voici le signe de notre amitié, de notre alliance. Partout où il flottera est mon pays que dirige le plus grand monarque d'Occident. Qui vous provoque, provoque le Bitanda qui est le plus grand parmi les plus grands pays du monde. Nous avons de l'Europe chassé les barbares...

PREMIER BLANC : Vaincu l'océan...

DEUXIÈME BLANC : Notre histoire est une histoire fabuleuse.

DIOGO : Tout étranger qui verra ce drapeau saura à quel puissant roi d'Occident vous avez lié votre sort.

(*Cris, coups de fusils.*)

PREMIER NOTABLE : Le Mani Congo offre à son frère du Bitanda, l'île de Sahotoga et des terrains sur le continent. Qu'il s'installe où il lui plaira. La terre chez nous est pour tous. C'est un dieu qu'on ne saurait vendre. Voici d'autres cadeaux...

(*On apporte de l'ivoire, de l'or, des peaux, des hommes, etc.*)

DIOGO : Nous sommes prêts à vous aider pour faire produire à votre royaume, tout ce qu'il est capable de donner et dont vous exploitez à peine la dixième partie.

(*Sortant un papier.*)

Si le puissant Mani Congo voulait bien apposer au bas de ce papier sa signature cela ferait extrêmement plaisir à son cousin du Bitanda.

(*Les gens se regardent.*)

Ce serait la preuve que je suis venu au Zaïre, que nous nous sommes liés d'amitié. Que je vous ai vus, que vous m'avez vu, que nous avons bu et dansé ensemble.

PREMIER NOTABLE : Donnez...

(*Diogo prend la main du Mani Congo, lui fait tracer une croix au bas du document, ses compagnons apposent l'empreinte des pouces des notables. La foule hurle de joie.*)

MAMAN CHIMPA VITA, *revenue* : Le malheur est entré dans le royaume, les sages ont perdu la raison.

(*On la chasse, elle revient.*)

DEUXIÈME NOTABLE : Venez, installez-vous partout où vous voudrez et vivons en frères. La terre est faite pour nous porter et nous nourrir tous, tout comme le soleil a pour rôle de nous éclairer tous, riches ou pauvres.

PREMIER NOTABLE : Il y a certainement des régions où l'on peut mourir de faim, mais nulle part on ne meurt par manque de soleil...

DEUXIÈME NOTABLE : Comment peut-on vendre la terre quand on ne vend ni le soleil, ni l'air, l'air que nous respirons ? Ici, nous vivrons en frères...

LE PRÊTRE, *exhibant deux statuettes* : Nous allons jurer vous et nous.

> (*Ils tendent la main sur les statuettes.*)

Que l'avenir le plus ténébreux soit le sort du peuple qui manquerait à sa parole.

DIOGO : Que notre destin soit le plus glorieux du monde et notre amitié la plus indissoluble.

> (*Chants, tam-tams, le vieux, la vieille.*
> *Coups de fusil.*
> *La nuit lentement tombe.*)

RIDEAU

TROISIEME TABLEAU

RETOUR AU BITANDA

(*Le roi se fait lire l'avenir par un devin.*
Crucifix au mur.)

LE DEVIN : Oui, Seigneur, cela se passera ainsi.

LE ROI : Le premier à mettre les pieds sur ces rives.

LE DEVIN : Et le dernier à lever l'ancre...

LE ROI : Le dernier à lever l'ancre...

LE DEVIN : Le dernier. L'océan est sillonné de caravelles...

LE ROI : Le marché de Bonneisle sera-t-il...

LE DEVIN : Il demeurera le centre le plus actif des transactions... Vers vous reviennent des flottes chargées d'or.

LE ROI : Des ... des flottes... des flottes chargées d'or ?

LE DEVIN : L'or du Brésil, du Mexique, du Pérou, nouvelles terres découvertes...

LE ROI : Des flottes chargées d'or !

LE DEVIN : Les rivalités seront nombreuses. Tenez bon.

LE ROI : Le Bitanda d'aujourd'hui et de demain tiendra bon, et n'abandonnera jamais aucune des terres qu'il aura découvertes ou conquises de par la grâce de Dieu...
Des flottes chargées d'or ! Contre vents et marées je tiendrai bon !

LE DEVIN : Commerce d'hommes et de talents; des peuplades entières seront à votre école... Seigneur, n'oubliez pas d'être le premier et le dernier en tout. La pérennité de votre empire tiendra à cela... Tou-jours-le-der-nier lorsqu'il s'agira d'abandonner un relais, une île, une terre.

LE ROI : Des flottes chargées d'or...

LE DEVIN : Et de pierres précieuses encore inconnues.

LE ROI : En somme l'avenir m'est souriant.

LE DEVIN : Extrêmement souriant. Un voyageur ayant couru les mers rentre au port...

LE ROI : Ils ne sont donc pas morts ?

LE DEVIN : Non !

LE ROI : Je vais ordonner de faire brûler des

cierges à saint-Georges dans toutes les églises de mon royaume.

(*Bruit de foule, cloches.*)

LE DEVIN : Le dernier, Seigneur, le dernier lorsqu'il s'agira d'abandonner un pouce de terre.

(*Sortie du devin.
Entrée des courtisans, puis de Diogo et de ses compagnons, suivis de Congolais porteurs des présents.*)

LE ROI, *à lui-même* : Des flottes chargées d'or et de pierres précieuses encore inconnues.

DIOGO, *saluant* : Seigneur, nous avons, pour la grandeur de votre dynastie, accompli la plus sublime des missions. Il y a eu quelques morts, mais c'était le tribut à payer.

LE ROI : Des flottes chargées d'or et de pierres précieuses encore inconnues.

DIOGO : La plus immense terre du monde.

(*Il tend le traité.*)

LE PREMIER COMPAGNON : Une contrée d'une richesse insoupçonnée...

DEUXIÈME COMPAGNON : Fabuleuse, fabuleuse, Majesté !

DIOGO : Ces présents vous sont envoyés par le roi du Zaïre, qui se voudrait votre parent.

(*Rires des courtisans.*)

LE ROI : Sont-ils tous aussi noirs ?

DIOGO : Il y en a de plus noirs encore.

LE ROI : Comment est-il le roi ?

DIOGO : Encore plus noir...

(*Rires des courtisans.*)

LE ROI : Et il se voudrait mon parent ?

(*Rires des courtisans.*)

DIOGO : Son souhait le plus ardent serait d'entrer en relations d'affaires avec le Bitanda.

(*Sortie des Congolais.*)

LE ROI : Qu'en pensez-vous personnellement ?

DIOGO : Majesté, ce serait la plus belle affaire du siècle...

LES COMPAGNONS : Et pendant des siècles...

PREMIER COMPAGNON : Des forêts aux arbres aussi serrés que les mailles d'un tissu...

DEUXIÈME COMPAGNON : La vigueur avec laquelle poussent les herbes...

PREMIER COMPAGNON : La longueur des serpents, la grosseur des mouches...

LES DEUX COMPAGNONS : Et même des fourmis...

DEUXIÈME COMPAGNON : Tout dit que là-bas se trouveraient des richesses exceptionnelles,

LE ROI : Des flottes chargées d'or et de pierres précieuses encore inconnues...

PREMIER COMPAGNON : Qui attendent...

DEUXIÈME COMPAGNON : Impatiemment...

PREMIER COMPAGNON : D'être exploitées...

LE ROI : D'être exploitées...

DIOGO : Or les hommes vivent sans travailler.

LE ROI : Sans travailler ?

LA COUR : Sans travailler !

DIOGO : Sans travailler, Majesté.

LA COUR : Des hommes qui ne vivent pas à la sueur de leur front ?

UN COURTISAN : Qui sont-ils donc pour vivre de la sueur des autres ?

LE ROI : De la sueur de qui vivent-ils ?

DIOGO : Je voulais dire, pas avec autant d'acharnement que nous.

(Soupirs de tous.)

LES DEUX COMPAGNONS : La richesse du pays, Majesté, l'extrême richesse du pays...

LE ROI : Ah, ils font quand même quelque chose.

DIOGO : Oui, Majesté, même ceux qui ne font rien, font toujours semblant de faire quelque chose...

UN COURTISAN : Comme à la cour du Tsar...

UN AUTRE COURTISAN : N'est-ce pas la preuve que le travail est une sainte loi ?

LE ROI : Des flottes chargées d'or et des pierres précieuses encore inconnues... Un avenir extrêmement souriant... Tout l'Occident à mes pieds... les têtes couronnées les plus orgueilleuses... là... pour me présenter leurs hommages...

(Rires du roi et de la cour.)

Parlez-moi du pays.

LES DEUX COMPAGNONS : Le paradis terrestre !

DIOGO : Voilà les mots vrais, ceux qui vous assaillent dès le premier contact.

LA COUR : Le paradis terrestre !

LE ROI : Joyau à la couronne du Bitanda ! Falsifiez toutes les cartes, et le garder plus jalousement que jamais le secret de construction des caravelles. Surveillez Sagres et tous les villages autour de Sagres à vingt lieues à la ronde... A moi, l'Afrique...

LA COUR : A sa Majesté, l'océan et l'Afrique...

LE ROI : Coulez impitoyablement tout bateau étranger qui s'aventurerait vers mes possessions d'outre-mer. Livrez la guerre la plus atroce, la plus infernale aux bateaux chrétiens. Il m'appartient le Zaïre..., l'Afrique...

(*Applaudissements de la cour.*)

Parlez-moi des hommes. Ont-ils une religion ?

DIOGO : Toute primitive.

LES DEUX COMPAGNONS : Ils font jurer sur des dieux en bois...

(*Rires de la cour.*)

LE ROI : Des dieux en bois ?

LA COUR : Auxquels il manque la densité du marbre, la céleste sonorité du plâtre.

DIOGO : Ils enterrent les morts en musique.

LE ROI : Aucune prière pour les âmes qui comparaissent devant le tribunal céleste ?

LA COUR : Ni pour celles qui font antichambre au purgatoire ?

DIOGO : Rien !

LA COUR : Oh ! Et vous appelez cette nuit, cet enfer, le paradis terrestre ?

DIOGO : La solidarité pour eux s'arrête aux vivants...

(*Bruits lointains des tam-tams.*)

LA COUR : Ignorer que Dieu juge les âmes, pèse les âmes; que nous sommes nés pour travailler et gagner le ciel... pour la retraite...

LE ROI : Un pays à civiliser. Ont-ils de la neige ?

DIOGO : Non ! Majesté, seul à travailler, le soleil ne quitte le ciel que pour s'écrouler...

LA COUR : Un pays à civiliser.

LE ROI : Comment vivent-ils ?

DIOGO : Par tribus liées les unes aux autres.

PREMIER COURTISAN : Une vie de fourmis.

DEUXIÈME COURTISAN : L'individu à la merci de la collectivité...

LES COMPAGNONS : Etouffé... étouffé dans un flot humain...

LA COUR : A civiliser... Majesté, à civiliser.

LE ROI: *Animae ad majorem Dei gloriam conquiren dae !* (Des âmes à conquérir pour la plus grande gloire de Dieu.)

DIOGO : Ces hommes n'ont du reste qu'un souhait.

LA COUR : Un seul ?

DIOGO : Avoir des rapports avec le puissant royaume du Bitanda.

LE ROI : Henri a été rappelé à Dieu, mais le pouvoir ne meurt pas, et notre mission *ad majorem Dei gloriam !* (pour la plus grande gloire de Dieu), se poursuivra, plus sublime que jamais... Dites-moi, ont-ils au moins un alphabet, une écriture ?

DIOGO : Non, Majesté, mais en revanche, une honnêteté scrupuleuse...

LES COMPAGNONS : Parce qu'ils se croient toujours sous le regard des dieux.

(*Rires de la cour.*)

LA COUR : Sous le regard des dieux ?

LE ROI : Croiraient-ils donc en plusieurs dieux?

LES COMPAGNONS : En une pluralité, Majesté, une pluralité de dieux sur deux desquels ils nous ont fait jurer...

LA COUR : Quoi ? Juré, vous, sur des dieux en bois ?

LES COMPAGNONS : Cela nous est resté là...

LA COUR : Inadmissible ! Traiter de la sorte des chrétiens, d'honorables sujets de la couronne bitandaise ?

(*Bruits lointains de tam-tams.*)

LES COMPAGNONS : Entre les dieux païens et les

saints intérêts de Sa Majesté, nous avons choisi les intérêts de votre Majesté...

(*Applaudissements des courtisans.*)

PREMIER COURTISAN : Comment peuvent-ils partager leur foi entre plusieurs dieux ?

DEUXIÈME COURTISAN : Porter et supporter des dieux et leurs serviteurs ?

PREMIER COURTISAN : Est-il concevable en notre siècle, d'admettre l'existence de plusieurs dieux, ou même d'un dieu autre que le vrai Dieu ?

(*Bruits. Entrée de gardes entraînant un homme.*)

LE CHEF DES GARDES : Un espion...

LA COUR : Un espion !

LE CHEF DES GARDES : Et sur lui, nous avons trouvé ça !

(*Il exhibe le plan de navigation.*)

DIOGO : Où l'a-t-il eu, ce plan ?

LE ROI : Où s'arrêtera-t-elle cette maladie d'espionner, de voler ? Au service de quelle puissance est-il ?

LE CHEF : Et ceci.

(*Le plan d'une caravelle.*)

LE ROI : Le plan de la caravelle !

LA COUR : Le plan de la caravelle !

LE ROI : Qu'on double, triple, quadruple, centuple la garde autour de Sagres... et de toutes les caravelles...

LA COUR : La potence, la roue; un châtiment exemplaire...

Le roi : Non, il parlerait. Le silence autour de cette affaire...

> (*L'angélus sonne. Tous se signent, les uns debout, les autres à genoux, le roi assis.*)

Un récitant : Que ton saint nom, Seigneur, soit glorifié dans les siècles des siècles.

Tous : Amen.

Un autre récitant : Que ta volonté soit faite, et tes commandements toujours respectés.

Tous : Amen.

> (*Chacun reprend sa position première.*)

Le roi : Ainsi donc...

L'espion : Majesté..., laissez-moi dire...

> (*Un signe du roi, l'homme disparaît dans une trappe. Applaudissements de la cour.*)

Le roi : Voilà !... Qu'il aille servir de repas aux poissons.

> (*Les gardes sortent.*
> *Entrée des Congolais, chantant. Sortie.*)

Le roi : Diogo, pourquoi cette bamboula ?

Diogo : C'est une habitude au Zaïre de chanter et de danser tous les jours.

La cour : Tous les jours.

Le roi : Et que disent-ils ?

Diogo : Que Votre Majesté est le plus grand roi du monde.

Le roi : Un peuple très intelligent, mais auquel il faudrait apprendre à régler le temps. Danser à contretemps pour un monarque, c'est trop souvent le déranger. Les cours ont des étiquettes qu'il faut impérieusement respecter... Nous disions donc...

Premier courtisan : Que l'on doive partout savoir que le chemin du salut passe par celui de la fortune...

Deuxième courtisan : Que votre Majesté dispose de forces immenses pour tenir toute l'Afrique.

(Bruits lointains de tam-tams.)

Diogo : Majesté, je vous apporte certes un royaume, mais est-il impérieux de troubler des peuplades dans leur quiétude ?

(Les autres se regardent.
Chœurs lointains, tam-tams.
Le Zaïre resurgit en Diogo.)

Le tam-tam, Majesté, le tam-tam ! qui rappelle à tous le sens véritable de l'existence qui est joie, unité...

Le roi : Diogo !

Diogo : Là-bas, on ne dit à personne « bon appétit », mais à tous « viens manger ». Chacun partage avec le voisin le peu qu'il a. Dans ces pays où les dieux font partie de la tribu...

Le roi : Diogo ! Diogo !

Diogo : Majesté ! Je ne sais plus, des tam-tams rangés dans les cases, vivant aux côtés des hommes, sortant les soirs pour redonner vigueur à tous, et des cloches pendues dans les clochers, je ne sais plus ce que je préfère, celui dont la voix me transporte, me trouble, me relie aux autres hommes; l'un appelle au recueillement, l'autre à l'explosion; l'un est produit du froid, l'autre, produit du soleil. C'est la graine qui éclate en plein midi pour donner vie à d'autres plantes.

LE ROI : Diogo !

DIOGO : Majesté... j'ai cru avoir laissé l'Afrique en Afrique, or elle me poursuit jusque dans votre vénérable palais... Elle m'a conquis... La vie pour les hommes de là-bas, n'est plus vaine poursuite de la gloire, accumulation de biens raflés sur la faim des autres, surabondance de rires et de joies, pris sur le lot de rires et de joies des autres.

LA COUR : Diogo ! Diogo !

      (*Les cloches sonnent.*)

DIOGO : C'est toute une humanité qui fait corps avec les eaux, les plantes, avec les animaux, avec tout... Un pays terriblement envoûtant.

LE ROI, *malicieux* : Ensorceleur aussi...

DIOGO : A les voir vivre, je me suis posé beaucoup de questions. Je me suis dit : la société dans laquelle tout le monde est heureux ne saurait-elle être chrétienne ?

LES DEUX COURTISANS : Majesté...

PREMIER COURTISAN : Allons-nous négliger tant de richesses découvertes ?

DEUXIÈME COURTISAN : Parce que les hommes ont des rires qui ricochent sur les bords escarpés et boisés des fleuves ?

DIOGO : Croyez-moi, rire sous les tropiques, est salutaire. La prière la plus authentique, la communion avec la vie.

Le roi : Diogo !... Ont-ils un père de la Nation ?

Diogo : Non, Majesté !

Les courtisans : Un scandale.

Le roi : Paient-ils des impôts ?

Diogo : Non ! Majesté.

Premier courtisan : Admirer le soleil...

Deuxième courtisan : Aller...

Premier courtisan : Venir...

Deuxième courtisan : Chanter...

Premier courtisan : Danser...

Deuxième courtisan : Rire...

Les courtisans : Sans payer des droits ? Un scandale.

Premier courtisan : Comment vivent-ils donc les courtisans et les favorites ?

Diogo : Ils n'ont ni courtisans, ni favorites.

Les courtisans : Ni courtisans, ni favorites ?

Premier courtisan : Ni courtisans !

Deuxième courtisan : Ni favorites !

Les courtisans : Quel scandale !

Premier courtisan : Pas de caisse emportée,

DEUXIÈME COURTISAN : De diligence attaquée...

PREMIER COURTISAN : De jeunes filles enlevées...

DEUXIÈME COURTISAN : Séquestrées.

DIOGO : Non !

LES COURTISANS : Quel scandale !

PREMIER COURTISAN : Urgent de jeter ces hordes dans le torrent vivifiant de la civilisation...

DEUXIÈME COURTISAN : De les amener à se poser enfin des questions...

PREMIER COURTISAN : Des tas de questions.

LES COURTISANS : Porter la vie, comme on porterait un fardeau sans jamais sourire...

PREMIER COURTISAN : Peut-on assister impavide et impassible à la mort par inactivité de tout un peuple ?

DIOGO : Mais si leur Dieu n'a aimé travailler que deux ou trois jours ?

LES COURTISANS : Nous leur prêterons le nôtre...

PREMIER COURTISAN : Plus laborieux...

DEUXIÈME COURTISAN : Plus industrieux...

PREMIER COURTISAN : Mercure...

DEUXIÈME COURTISAN : Mars...

PREMIER COURTISAN : Il faut leur apprendre à ne plus avoir du temps...

Deuxième courtisan : A moudre du temps...

Premier courtisan : A usiner le temps...

Les courtisans : A monnayer le temps...

Premier courtisan : A vivre pour l'avenir...

Deuxième courtisan : Dans l'avenir...

Premier courtisan : Inquiets...

Deuxième courtisan : Angoissés...

Premier courtisan : Leur débiter la terre...

Deuxième courtisan : Le ciel...

Premier courtisan : Le sommeil...

Deuxième courtisan : Le rêve.

Diogo : Leur désir, Majesté, n'est-il pas d'atteler leur sort au char bitandais ? Le Mani Congo voudrait acquérir des caravelles.

Les courtisans : Quelle prétention !

Premier courtisan : Un bateau pourrait, dans les esprits frustes, faire naître des idées perverses de future émancipation...

Deuxième courtisan : Vous pourriez, Majesté, accorder la liberté du commerce, mais conserver l'exclusivité du transport.

Le roi : Au fait, on a parlé de tout sauf de leurs femmes. Comment sont-elles ? Car ce sont elles qui font marcher le monde.

DIOGO : J'aurais tout dit, Majesté, en disant que les hommes en prennent plusieurs...

PREMIER COURTISAN : Ah ! tout s'explique. Si ces messieurs boudent le travail...

LE ROI : Eh bien, il faudrait qu'elles deviennent comme les nôtres, bavardes, impatientes, nerveuses, acariâtres, parlant sans jamais écouter l'interlocuteur... Qu'elles se sentent femmes et se montrent femmes...
Une mission expresse qui va vous être confiée... vous allez reprendre la mer, cher Commandant.

DIOGO : Encore la mer, Majesté ? Des jeunes pourraient...

LE ROI : Une mission de haute confiance ne saurait revenir à qui il manque l'expérience des hommes, en général, et des femmes en particulier. Vous allez reprendre la mer... pour apporter à mon frère très aimé du Zaïre, l'aide qu'il a sollicitée.
Faites-lui comprendre que cette expédition m'aura coûté énormément d'argent. Il serait donc déraisonnable de la renvoyer les mains vides. Bien que notre principal vœu est de servir Dieu et le plaisir du roi du Congo, vous ne lui en ferez pas moins comprendre ce qu'il devrait faire pour remplir les navires, que ce soit avec des esclaves, du cuivre ou de l'ivoire.
Exigez du roi qu'il prenne à sa charge les membres du clergé, les religieux et les techniciens qui lui sont envoyés.

PREMIER COURTISAN : On ne doit pas lui envoyer des ouvriers ; il ne convient pas qu'il ait dans son royaume quelqu'un qui sache faire des travaux avec de la pierre et de la chaux, ni avec le fer, parce que ce serait l'occasion de quelque désobéissance.

DEUXIÈME COURTISAN : Il serait préjudiciable au service de Votre Majesté que ce roi ait des sujets blancs, parce que, grâce à eux, il deviendrait si puissant qu'il chercherait à se défaire de l'obédience de Votre Majesté.

LE ROI : A ce peuple profondément religieux, parlez-lui sans cesse de Dieu ; entretenez en lui la foi. Notre combat contre les ténèbres sera épique. Remettez-lui ce drapeau, le drapeau du Zaïre ; qu'il ne prenne garde ni aux injures du temps, ni aux déprédations des termites, encore moins aux affronts des rats et autres bestioles que je sais abonder en ces régions de haute température ; faites-lui comprendre que j'ai fait installer un atelier pour lui en fournir en toutes saisons. Dites-lui surtout que je serais très heureux s'il pouvait faire quelque tam-tam autour de ce que j'apporte. Cette façon d'opérer encourage les échanges.

DIOGO : Vos instructions, Majesté, seront suivies à la lettre.

LE ROI : Il importe qu'aucune autre nation ne puisse approcher ces natures vierges que nous nous faisons un devoir impérieux de protéger des ambitions éhontées des puissances cupides.

DIOGO : Vos instructions, Majesté, seront suivies à la lettre.

LE ROI : Portez aux femmes et aux enfants du Mani Congo une attention particulière.
Faites-lui comprendre surtout que notre fraternité commande des habitudes communes ; façon de concevoir le monde, façon de commander, façon de se tenir. Mais s'il vous arrivait de leur apprendre à lire, gardez-vous de former des philosophes. Sachez mesurer et doser votre science. Voyez-vous, liguées contre nous, un jour, toutes les misères conjuguées, toutes les haines entassées ? La règle politique demeure la même : tou-

jours parler de souveraineté nationale, mais sans cesse créer et entretenir les brandons de discorde. Notre salut et la réussite de notre entreprise sont à ce prix.

Et dites à mon frère très aimé du Zaïre que l'amour que je lui porte, immense, sera éternel. Dites-lui aussi et surtout que s'il a quelque fortune à faire gérer, elle serait plus à l'abri dans les caisses de notre royaume.

> (*Sons de cloches et sirène de bateaux, bruits d'ancre.*
> *Chants des Congolais.*)

FIN DE L'ACTE I

ACTE II

PREMIER TABLEAU

LES BITANDAIS A ZAIRE

(Le roi et le Nganga qui interroge l'avenir.)

LE NGANGA : La parole est une balle qui sort du canon qu'est la bouche. Elle ne revient jamais au point de départ. Puis-je parler ?

LE ROI : Parle. Le pays où l'on ne parle pas n'est plus un pays.

LE NGANGA : Ce qu'on a dit hier est souvent différent de ce qu'on dit aujourd'hui. Ni succès, ni défaite ne troublent notre mémoire... La vérité, une et sans couleur, est une lumière qui affronte les intempéries et les intérêts... Puis-je parler ?

LE ROI : Parle ! Les hommes qui ne parlent pas sont des hommes morts. Les pays où l'on ne parle pas sont des pays morts. Le pays où l'on dit toujours oui, est un pays d'esclaves. Or le Zaïre est un pays libre. Parle ! C'est ce qu'un homme n'a pu dire de son vivant qui rend lourd son cercueil.

LE NGANGA : Lorsqu'il a été demandé au vautour de nommer l'oiseau le plus généreux du monde, qu'a-t-il dit ?

LE ROI : Qu'il était l'oiseau de proie le plus généreux du monde.

(*Rires des deux hommes.*)

LE NGANGA : Et si l'on posait la même question à l'hyène ?

LE ROI : Ne serait-elle pas la bête la plus courageuse ?

(*Rires des deux hommes.*)

LE NGANGA : Puis-je parler ?

LE ROI : Beau ou vilain, à terme...

LE NGANGA : L'enfant vient toujours au monde.

LE ROI : Pourquoi N'Zambé nous aurait-il donné une bouche si ce n'était pour parler ? Parler, c'est enrichir les autres. Parle...

LE NGANGA : Déplacements d'hommes, des incendies, des bateaux qui viennent, partent, reviennent et repartent... dans leur sillage des morts... des morts... des morts... Même des poissons morts d'indigestion... Des amitiés nouvelles ne seront pas des amitiés de tout repos... Hum ! Faut-il parler ?

LE ROI : Parle ! La vérité ne tue pas. Vous seuls liez le passé au présent et à l'avenir. Demain, c'est encore pour nous, l'immensité de l'inconnu.

Le Nganga : Sur notre tête, le soleil oublie comment il était le matin, tant il est persuadé d'avoir toujours été sur la tête des êtres. Le temps vient où le fusil aura seul droit à la parole...

Le roi : Ce que tu dis est effrayant.

Le Nganga : Pousser et pousser n'ont pas le même sens; et l'arc-en-ciel si beau qu'il soit a ses racines dans le sol.

Le roi : Qui ne sait que l'homme qu'on pousse est à la merci de celui qui le pousse ?

Le Nganga : La nuit vient à temps pour permettre aux hommes de réfléchir...

Le roi : Et aux dieux de délibérer...

Le Nganga : Des amis divisés... des époux divisés... des familles divisées... des tribus divisées... des Noirs armés, des Bitandais armés sous le regard étonné des oiseaux de proie mourant d'indigestion.
Les eaux ont couleur de sang; le ciel a couleur de sang... la terre a couleur de sang... La vérité n'est plus la vérité... et...

Le roi : Ce que tu dis est effrayant. Qu'avons-nous fait aux dieux pour qu'un tel sort s'abatte sur nous ?

Le Nganga : L'homme vaudra moins qu'une corolle de tabac, moins que quelques barres de fer, moins que quelques tonnelets de tafia...

Le roi : Dans la nuit la plus noire, on reconnaît le carrefour. Que peut-on faire pour conjurer le sort ?

Le Nganga : Une jeune fille entourée de flammes refera le jour dans les cœurs.

LE ROI : Une jeune fille entourée de flammes refera le jour dans les cœurs ! Où sont donc les hommes ? Les guerriers intrépides du Zaïre ?

LE NGANGA : Ils luttent contre les balles et avec les fers.

LE ROI : Les dieux nous auraient-ils abandonnés ? Que peut-on faire pour conjurer le sort ?

LE NGANGA : Conjurer, non ! Atténuer, oui. En offrande un bœuf et deux béliers. Demain sera de ces jours où l'oreille des dieux est ouverte aux chants...

> (*La grande lumière se fait.*
> *La foule en scène danse lorsque arrivent le roi et le Nganga pour la cérémonie de purification.*
> *Le Nganga asperge les assistants d'eau lustrale.*
> *Un tam-tam annonce l'arrivée des Bitandais; entrée de Diogo et d'un compagnon.*)

DIOGO, *après avoir salué* : Quel étrange plaisir m'envahit de revoir ce pays ! Et surtout de serrer les mains augustes de votre Majesté.

PREMIER NOTABLE : La parole ne se déchire pas, ne s'égare pas. Ce que dit le Mani Congo demeure. Vous êtes ici chez vous.

DEUXIÈME NOTABLE : Le peuple attendait votre retour avec une vive impatience; il vous revoit donc avec la plus tendre et la plus pure des joies.

DIOGO : Le roi du Bitanda a généreusement accédé à tous vos désirs. C'est du reste dans la ligne de conduite des souverains chrétiens d'Europe. Il vous envoie des spécialistes pour vous aider à bâtir votre pays...

> (*Défilé des spécialistes, ouvriers, paysans.*)

... et aussi des messagers pour vous apporter la bonne nouvelle. Car il est bon que la croyance en Dieu au Zaïre soit la même qu'au Bitanda.

(*Des prêtres passent.*)

Premier notable, *après avoir consulté le roi du regard* : Que Dieu prolonge les jours de mon frère du Bitanda. Sur lui toutes les bénédictions de nos prêtres et prêtresses.

Deuxième notable : Nous n'avons jamais cessé, pour lui, de prier les dieux et de leur offrir des sacrifices à toutes les nouvelles lunes. Le Nganga, chef de nos prêtres, peut en témoigner.

Le Nganga : Des sacrifices à toutes les nouvelles lunes, depuis six ans.

Diogo : Nous avons passé des jours et des nuits à examiner les problèmes qui se posent à votre Majesté.

L'analyse précise que nous en avons faite, démontre qu'ils sont, non seulement nombreux et multiformes, mais d'une urgence exceptionnelle... et partant doivent avoir la priorité sur toutes les priorités.

Premier notable : Nombreux et multiformes !

Diogo : La Santé.

Premier notable : La Santé.

Diogo : L'Education.

Deuxième notable : L'Education.

Diogo : L'Agriculture.

Premier notable : L'Agriculture.

Diogo : L'Economie.

Deuxième notable : L'Economie.

Diogo : Etc., etc., etc...

Premier notable : Etc., etc., etc...

La foule : Etc., etc., etc...

Un notable : Tout ça... des problèmes que nous ignorions. Dieu bénisse les Bitandais qui nous ouvrent les yeux sur nos vrais problèmes, etc... etc... etc...

Diogo : Le roi a pris à cœur de vous aider à les résoudre dans le minimum de temps. Le monde dans lequel nous sommes entrés par la découverte de terres nouvelles, la maîtrise des océans les plus indomptables, bouleverse de fond en comble, totalement, l'ancienne conception des rapports. Nous devons maintenant, bon gré mal gré, envers et contre tout, vous compter dans nos calculs.

Deuxième notable : Que Dieu augmente la famille de notre frère du Bitanda. Le Mani Congo n'a jamais douté que les cœurs bitandais battaient à l'unisson des nôtres. Cet amour fervent, emportant les dernières réticences, ouvre toutes grandes, les immenses portes de l'avenir.

Diogo : Voici d'abord votre drapeau. Le seul qui flottera auprès du nôtre. Nous en avons encore des stocks, des ateliers travaillent pour vous fournir tout ce dont vous aurez besoin. Nous pensons à tout; nous avons des spécialistes pour ce faire. Mais au fait, quel est l'emblème du royaume ? A quel animal, fauve j'entends, à quel oiseau de proie je veux dire, vous assimilez-vous ? A tout individu ou peuple, il faut un modèle, un tuteur. Que penseriez-vous du Requin ?

Premier notable : Et pourquoi le Requin ?

DIOGO : Parce que le Requin est un poisson qui n'a pas son pareil au monde. Je vous le recommande de la part du roi du Bitanda. Il est spécialiste en emblèmes. Acceptez-le avec conviction...

(*Approbation générale.*)

Il vous faudrait en outre un patron au ciel, quelqu'un qui soit, si l'on peut dire, votre avocat auprès de Dieu. Je vous conseille saint Antoine et saint Georges.

DEUXIÈME NOTABLE : Avez-vous d'autres noms à nous recommander ?

DIOGO : Très grands saints, ils sont les patrons du royaume de Bitanda. Ils vous aideront, j'en suis certain, à opérer les profondes mutations dont a besoin votre pays. La capitale devrait avoir un nom plus facile à prononcer. Il est de règle, de prendre un nouveau nom lorsqu'on accède à un trône, lorsqu'on entre dans une société quelque peu fermée, lorsqu'on gravit un échelon dans la connaissance. Eh bien Mban... Mbanza Congo... devrait s'appeler San Salvador, San Salvador !

LA FOULE : San Salvador.

MAMAN CHIMPA VITA, *entrant en compagnie de sa fille Chimpa Vita qui va s'appeler Dona Béatrice* : Le lion va devenir caméléon... Le boa se laisse manger par la brebis... Oh ! Ancêtres, ouvrez bien les yeux et les oreilles...

(*On la chasse. Entrée d'un peintre.*)

DIOGO : Ce peintre que vous voyez est chargé de faire votre portrait. Votre Majesté en fera ce qu'elle voudra, elle le vendra, le fera reproduire sur les pagnes, les miroirs, les écharpes, les bibelots. Nos ateliers sont prêts pour satisfaire aux commandes. Vos sujets les achèteront avec plaisir. D'une pierre vous faites trois coups.

Primo : de la fortune !
Secundo : de la publicité !
Tertio : du ren-sei-gne-ment.

(*Les gens se regardent.*)

Suivez-moi. Qui aime le roi, achète le portrait et le met en vedette, à la place d'honneur. Celui qui ne l'aime guère, ne l'achètera jamais, ou s'il l'achetait le placerait n'importe où, pour que les araignées le couvrent de toile, ou que les mouches fassent...

(*Murmures.*)

Et par le fait d'être haut placé au mur, vous devenez manifestement l'animateur, le foyer, le cerveau, pour tout dire, le père de la Nation. Et cela est très important pour la stabilité des royaumes. Tout part de vous, et tout, revient à vous.

LE ROI : Tout part de moi, et tout revient à moi...

DIOGO : Ainsi après vous c'est le chaos, le déluge... le royaume se désagrège, pourrit, meurt.

LE ROI : Après moi le chaos, le déluge ! Sans moi le Zaïre ne serait plus le Zaïre...

DIOGO : Le Zaïre sera tant que votre Majesté...

(*Geste.*)

LE ROI : Je comprends...

DIOGO : Il vous faut absolument rompre avec le passé, devenir un souverain aussi puissant que votre frère du Bitanda.

LE ROI : Que dois-je faire ?... Aussi puissant que mon frère du Bitanda...

DIOGO : Vous le saurez... mais devenant l'homme dont la disparition plongerait le pays dans la nuit totale, et pour la mutation de toutes choses, Votre Majesté se fera désormais appeler par le nom que lui a choisi son frère du Bitanda. Vous devenez Dom Carlos Ier et vous autres...

(*Désignant les notables.*)

vous ne serez plus des chefs de canton, de quartier ou de village, et encore moins de vulgaires notables, mais...

(*Donnant à chacun sa tenue.*)

— Grand duc de Mbamba.
— Grand duc de Ovando.
— Baron de Mbata.
— Marquis de Enchus.
— Comte de Soyo.
— Vicomte de NSundi.

LA FOULE : Et nous ?...

LE COMPAGNON DE DIOGO : Vous, vous restez le peuple tout comme nous là-bas... les sujets de la couronne.

DIOGO : Le roi a d'abord pensé à son frère très aimé et à ses collaborateurs immédiats.

(*Lisant.*)

Dom Carlos Ier, de par ordre du roi du Bitanda, roi par la grâce de Dieu, vous devenez roi du Kongo, de Loango, de Kakongo et de Ngoyo, d'en deçà et d'au-delà du Zaïre, seigneur des Ambudu et d'Angola, d'Aquisima, de Mburu, de Mbamba, de Mbata, Ovando, Soyo, Nsudi, Enchus et des Anzico, de la conquête de Pangu-Ahumbu.

(*Cris joyeux du peuple.*)

De par ordre de Sa Majesté le roi du Bitanda, je vous fais Chevalier de l'ordre du Christ, ordre dont le roi est le Grand Maître...

(*Bruits du peuple.*)

Je vous fais Commandeur de l'Ordre de saint-Georges, Ordre dont le fils aîné du roi est le

Grand Maître... Je vous fais Grand Croix de l'Ordre de la Pierre d'Argent...

(*Joie du peuple.*)

Pour que cette marque exceptionnelle d'attention prenne toute sa valeur, il vous faut devenir enfant de Dieu... et prendre l'engagement solennel, irrévocable de faire venir à Lui les âmes sur lesquelles vous allez être appelé à régner chrétiennement.

(*Quelqu'un portant la croix traverse la salle.*)

LE COMPAGNON DE DIOGO : Dom Carlos Iᵉʳ, êtes-vous prêt à être du nombre des enfants de Dieu, tout comme votre frère du Bitanda ?

LE ROI : Oui, et même aussi puissant que lui.

DIOGO : Etes-vous décidé à renoncer à Satan, à ses pompes et à ses œuvres ?

LE ROI : Hein ? Satan ?

DIOGO : Etes-vous décidé à renoncer à Satan, à ses pompes et à ses œuvres ?

LE ROI : Satan ! Quoi Satan ? Qui est Satan ?

DIOGO : Dites j'y renonce.

LE ROI : J'y renonce.

LE COMPAGNON : A vous dépouiller des fétiches et à leur livrer la chasse la plus impitoyable ?... Aussi puissant que votre frère du Bitanda...

LE ROI : Qu'on apporte ici tous les fétiches du royaume...

(*On apporte des masques, des statuettes.*)

J'ai dit tout... tam-tams hurleurs, tam-tams fétiches, tout...

MAMAN CHIMPA VITA : Celui qui n'entend plus la voix de ses dieux, se fait surprendre par le malheur.

LE COMPAGNON DE DIOGO : Quelle mouche a piqué cette femme ?

LE ROI : La femme, c'est le mystère du mystère... Ne prêtez aucune oreille à ce qu'elle raconte.

MAMAN CHIMPA VITA : Est-ce sagesse que d'accueillir la nuit en plein jour avec autant de transport ? Que ceux qui ne savent pas apprennent et que ceux qui savaient, se souviennent.

(*On la chasse.*)

LE ROI : Qu'on m'apporte ici tous les fétiches du royaume et qu'on les brûle.

LE COMMERÇANT, *accourant* : Non ! Non ! Les brûler, c'est les libérer. Le mieux serait de les emporter loin du continent, d'en faire des dieux captifs, des dieux de montre.

LE MILITAIRE, *accourant* : Non, il faut les combattre, les défaire, les détruire. Des dieux captifs deviennent des dieux vivants; tandis que morts...

DIOGO : Vous avez parfaitement raison. Avoir plus de biens qu'il ne faut n'est pas recommandé. Le chrétien est un homme de mesure, d'équité et d'équilibre. Voulez-vous être de cette phalange d'êtres dont le devoir est d'indiquer la voie aux autres hommes.

(*Le commerçant emporte les masques et statuettes.*)

LE ROI : Oui... oui...

DIOGO : Sa Majesté le roi du Bitanda, votre frère très aimé n'a qu'une épouse parce que...

LE ROI : Parce qu'il n'a peut-être pas le choix...

DIOGO : Non ! Au Bitanda sont les plus belles femmes du monde; mais...

LE ROI : Mon frère serait-il... malade ? Devrais-je lui faire tenir quelque recette ?

LE COMPAGNON : Non... la tradition chez nous, veut que...

LE ROI : Ne me parlez pas de tradition de chez vous. Nous sommes au Zaïre et au Zaïre la tradition veut que toute femme ait un époux...

DIOGO : Voyez le cas d'Adam...

LE ROI : Qui est Adam ?

DIOGO : Adam.

LE ROI : Montrez-le moi ? Où est-il ? Qui est-il ? Qui de vous maintenant s'appelle Adam ? Qui ?

LE COMPAGNON : Seigneur, il s'agit d'avoir officiellement une femme.

LE ROI : Une femme, savez-vous ce que cela signifie ? Une femme...

(*La foule s'esclaffe.*)

C'est notre mort...

DIOGO : Votre frère du Bitanda ne peut que vouloir votre bonheur. Suivez son exemple...

UN NOTABLE : Le roi n'a pas encore compris ce que vous voulez dire; accepter vos conditions, n'est-ce pas aller à l'encontre de la vie ?

DIOGO : Que ne saurait-on subir pour vivre dans le bonheur le plus absolu, loin de la terre et de ses misères ?

UN NOTABLE : La terre nous apporte des joies autres, mais des joies quand même. Les tam-tams, les chants, les danses, les couleurs, les enfants, les femmes... les femmes lorsqu'elles sont aimables, évidemment...

> (*Protestations des femmes, rires des hommes.*)

LE ROI : Chacune de mes femmes est un pacte avec les tribus qui forment mon royaume. Mes unions sont autant des unions de cœur que des unions politiques. Devrait-on désunir ce qui dans un pays est élément de paix ?

DIOGO : Les alliances désormais se feront par écrit et non plus par les femmes. La polygamie, Excellence, est interdite par les lois du Bitanda auquel vous liez votre sort.

LE ROI : Vous suivre serait désagréger mon royaume.

LE COMPAGNON : Pensez à ce que vous perdez en perdant le ciel.

> (*Chœur.*)

DIOGO : La sécurité de votre royaume, son unité seront préservées. Le roi du Bitanda a tout prévu.

> (*Défilé des troupes blanches.*)

Vos intérêts ne sont-ils pas les mêmes ? N'êtes-vous pas devenus le gérant des intérêts de notre roi sur les bords du Zaïre, et n'est-il pas devenu le vôtre sur les rives de l'Occident ?

LE COMPAGNON DE DIOGO : Que plus rien ne vous retienne pour vous joindre à la grande famille.

DIOGO : A la Croisade contre les Infidèles.

LE COMPAGNON DE DIOGO : Soyez du nombre des soldats du Christ.

> (*Remise de bannières par Diogo, applaudissements de la foule.*)

DIOGO : Par la vertu de ce signe salutaire des armées avaient vaincu des ennemis supérieurs en nombre.

> (*Applaudissements de la foule.*)

LE ROI : Ecoutez le rêve que j'ai fait. Grande est la faveur que Dieu nous accorde, car sachez que cette nuit, je vis en songe une dame très belle qui m'ordonna de vous dire que maintenant nous sommes invicibles. Je me sentis tant de courage et de force que j'étais prêt à me battre contre cent hommes.

> (*Approbation de la foule.*
> *Danse guerrière.*
> *Distribution de cadeaux et de liqueurs.*)

Je vous prends tous à témoin : comme moi, jurez de n'avoir qu'une femme, une seule femme.

> (*Ils hésitent.*)

Jurez tous de me suivre en tout et partout.

> (*Hésitations, murmures.*)

En tant que père de la Nation, j'intime l'ordre à tous de me suivre aveuglément.

> (*Apparition du prêtre qui passe.*)

LE PRÊTRE : *Vade retro Satana... Vade retro Satana...*

LA FOULE : Nous le jurons !

Le prêtre : *Ad Majorem Dei Gloriam !*

> (*Gestes de bénédiction.*)

Vous voilà tous, enfants de Dieu. Aimez-vous les uns les autres.

> (*Remettant une croix au Roi.*)

Vous, vous êtes maintenant roi devant Dieu et devant les hommes.

> (*Il sort.*)

Diogo : Devenu le frère authentique de Sa Majesté le roi du Bitanda, tout le peuple du Bitanda vous doit obéissance.

> (*Les blancs font la révérence et entonnent le « Je suis chrétien ».*
> *On entend approcher le tam-tam que conduit Maman Chimpa Vita. Les fidèles résistent, puis suivent le tam-tam.*)

OBSCURITE

> (*Sous des cônes de lumière.*
> *a - Le roi et Diogo.*)

Diogo, *lui remettant de l'argent* : Oui, Seigneur, il vous faut maintenant des courtisans que vous payerez et qui seront à votre solde. Etant à votre solde, ils vous seront très attachés, parce que leur sort sera lié au vôtre... Et ensuite des favorites tout comme votre frère du Bitanda.

Le roi : Vous dites ?

Diogo : Une femme, déclarée devant Dieu et devant les hommes... et ensuite des favorites qui doivent être luxueusement logées... Faites ordonner de vous bâtir des palais et des résidences.

> (*Il lui montre des plans.*)

LE ROI : Des résidences...

DIOGO : Des résidences pour vos vacances d'été et vos vacances d'hiver. Faites-vous réserver des endroits spéciaux pour vos promenades.

LE ROI, *appelle un serviteur* : Publie que j'ordonne qu'on rassemble des hommes pour me bâtir des palais de ce modèle.

LE SERVITEUR : Combien ?

LE ROI : Cinq...

DIOGO : Puisqu'en tout Votre Majesté se doit de donner l'exemple, il vous faudrait une plantation modèle... la plus grande possible...

LE ROI, *au courtisan* : Avez-vous compris ?

LE COURTISAN : Quelle superficie ?

LE ROI : La plus étendue possible.

(*Le serviteur sort.*)

DIOGO : Faites en sorte que San Salvador soit une des plus belles capitales du monde.

LE COMPAGNON, *qui passe* : Que votre peuple souffre de la faim importe peu, mais que le Zaïre ait une capitale à visage misérable serait un grand déshonneur.

LE ROI : Vous avez raison. Je veux que mon palais ait le même luxe que celui de mon frère du Bitanda... que ma capitale ait le même aspect que la capitale du Bitanda... Des capitales jumelles...

DIOGO : Il vous manquerait encore des cathédrales, de belles et superbes cathédrales avec leurs dorures... *Ad Majorem Dei Gloriam.*

Le roi : Avec leurs dorures... *Majorem Ad Dei Gloriam.*

Diogo : Leurs vitraux.

Le roi : Leurs vitraux...

Diogo : Les statues des saints les plus considérables...

Le roi : Les saints les plus considérables... *Majorem Dei ad Gloriam !*

Diogo : Une cathédrale magnifique dans laquelle seront enterrés les membres de la famille royale.

Le roi : Dormir le dernier sommeil dans la maison même de Dieu, et ressusciter un jour encore et toujours dans sa maison... (*Au serviteur qui entre.*) Qu'on me fasse construire deux cathédrales à San Salvador et des églises dans chaque province. *Majorem Dei ad Gloriam...*

Diogo : Ouvrir des routes pour relier les provinces... Il nous faudrait plusieurs centaines d'hommes pour tous ces travaux.

Le roi, *au serviteur* : Il me faut les hommes pour créer la plantation, bâtir les cathédrales et les églises, ouvrir les routes les plus belles.

Diogo : Vous êtes un sage. Le Zaïre va être l'un des pays les plus riches du monde. Tenez, j'oubliais... Il y aura des forts à construire pour tenir en respect tous ceux qui, attirés par l'extrême richesse du pays voudraient...

Le roi, *au serviteur* : Que les hommes construisent tous les forts qui seront demandés... C'est pour le prestige du Zaïre, et que les hommes qui mouraient sans travailler, désormais travaillent et meurent en attachant leur nom au renom du Zaïre.

OBSCURITE

> (b - *Le duc de Ovando et le baron de Mbata.*
> *On voit sortir le compagnon de Diogo.*)

LE DUC DE OVANDO : Oui, pourquoi lui et pas nous ?

LE BARON DE MBATA : La tradition...

LE DUC : Laquelle ? N'a-t-il pas rompu les liens en répudiant nos filles ? Est-ce la tradition qui commande qu'on fasse de nous des sujets ? Et qu'on traite le peuple avec autant de mépris ?

LE BARON : Nous lui avons juré fidélité...

LE DUC : Mais lui n'exige de nous que soumission. Le pays se dépeuple. Les Bitandais occupent le pays...

LE BARON : Nous sommes chrétiens...

LE DUC : La guerre s'allume ici et là, qui fournit les armes, qui fournit la poudre ? Qui les entretient ? N'est-ce pas le Bitandais...

> (*Réapparition du compagnon de Diogo déposant des armes.*)

LE COMPAGNON DE DIOGO : Votre ennemi, c'est votre roi...

OBSCURITE

> (c - *Le grand duc de Mbamba et le compagnon de Diogo.*)

LE BITANDAIS : Pourquoi lui et pas vous ?

LE GRAND DUC : Il est notre souverain.

LE BITANDAIS : Vous êtes tout aussi, sinon plus capable que lui de diriger ce pays... N'a-t-il pas répudié votre fille ? Dix ans d'oppression... La guerre qui gronde... et même, le projet d'écarter de la cour tous les grands du royaume. A tout hasard, je vous laisse ceci... (*De l'argent et des fusils.*) Nous sommes à votre entière disposition... Tenez, savez-vous que toute sa fortune est au Bitanda...

LE GRAND DUC : Pas possible ?

LE BITANDAIS: Une fortune colossale au Bitanda. Votre ennemi le plus dangereux... votre roi... Dom Carlos Ier.

OBSCURITE

(d - *Des travailleurs parmi lesquels deux femmes; l'une portant un enfant au dos.*
Chant triste.
L'angélus de 18 heures sonnant, tous s'arrêtent... pour prier.)

LE CONTREMAÎTRE NOIR, *les frappant*: Allez! travaillez, elle ne sonne pas pour vous...

PREMIÈRE FEMME : Je m'appelle Maria Magdalena...

DEUXIÈME FEMME : Et moi Johanna Patricia...

PREMIER HOMME : Et moi Pedro Ernesto...

DEUXIÈME HOMME : Et moi Antonio Armando. (*Il se signe.*) L'angélus !...

LE CONTREMAÎTRE : Et moi... Alberto Francisco. Mais je dis, l'angélus ne sonne pas pour vous.

(*Il les frappe.*)

Tous : Elle sonne pour nous aussi...

Première femme : Il nous faut plus que tous les autres prier pour que notre sort devienne humain.

Deuxième femme : Il nous faut plus que tous les autres prier et pleurer... Esclaves des Bitandais, esclaves du roi, partout traqués...

Première femme : Portant le poids des souverainetés nouvelles et anciennes...

Deuxième femme : Le poids des appétits les plus voraces...

Tous : Que Dieu nous sauve...

Le contremaître, *s'adressant aux femmes* : Pourquoi n'y a-t-il que vous les femmes pour protester dans cet immense royaume ?

Première femme : Parce que c'est nous qui savons souffrir pour donner la vie aux hommes...

Deuxième femme : C'est souvent au prix de notre vie que la vie poursuit son cours...

Tous : Laisse-nous prier; du dieu de l'abondance, ils en ont fait le dieu de la famine et de la misère...

Première femme : Du dieu de la joie, un dieu des larmes...

Le contremaître : Travaillez ! l'angélus ne sonne pas encore pour vous...

> (*On entend une sirène de caravelle, puis le glas.*)

Ça c'est pour vous...

Tous : Il faut que Jésus revienne mourir pour nous autres...

(*Triste complainte des travailleurs.*)

Première femme : Pourquoi le Bitandais veut-il à tout prix nous faire gagner le ciel ? N'est-ce pas une duperie ?

Deuxième femme : Dona Béatrice aurait-elle raison ? A nous le ciel, au Bitandais la terre, et tous les biens qu'elle prodigue.

Tous : Et nous pour la travailler, lui créer un ciel sur terre... Dona Béatrice a raison... Jésus serait-il noir ?

(*Le glas. Chant d'allure de révolte.*
Le glas et les travailleurs jettent leurs outils.

OBSCURITE

e - *Le roi.*)

Le roi, *admirant et comptant son argent :* Tous des jaloux, les hommes, les femmes, même les enfants... des envieux; les dieux heureusement savent qui ils choisissent pour accomplir leurs volontés. Je suis de ceux-là.

(*Il compte les sacs.*)

Ma garde blanche, mes serviteurs blancs ! Il va falloir que ma garde redouble de vigilance... ça c'est pour expédier au Bitanda... ça pour les dépenses... Je vais faire dresser deux, trois, quatre enceintes autour de mes palais... Le flot des gueux commence à m'effrayer. *Dei Majorem ad Gloriam !*

(*On frappe à la porte. Il cache son argent.*)

Oui, entrez.

Le courtisan : C'est Man Chimpa Vita.

Le roi : Mais elle est morte.

Le courtisan : Elle est là, et insiste pour vous voir.

Le roi : Si les morts se mêlent de nos affaires, qu'allons-nous devenir ? (*Il se signe.*) Elle est morte quelques jours après que sa fille eut été baptisée. La nouvelle religion ne semble pas porter bonheur à la race des sorciers. (*Rires.*) Tous meurent et nombre d'entre eux, de mort violente. Elle fut baptisée le jour où la maman avec son tam-tam vint troubler la plus belle cérémonie de ma vie... Ces décorations, cette épée, cette couronne, ces habits... Ne serait-ce donc pas la fille Dona Béatrice, cette furie qui sème le désordre partout, cette sorcière égarée dans la maison de Dieu ? Le bouc, même lavé et parfumé, sentira toujours le bouc.

(*Dona Béatrice entre.*)

Dona Béatrice : Il faut que je vous parle...

Le roi : Non ! Je ne veux plus rien entendre. Ce n'est plus à moi de vous écouter, mais à vous de m'écouter...

Dona Béatrice : C'est un ordre que j'ai reçu.

Le roi : A vous de me suivre, comme au Bitanda chacun suit le roi, mon frère très aimé.

Dona Béatrice : Les anciens m'ordonnent toujours de vous dire la vérité...

Le roi : Dites aux anciens de me suivre. Je veux donner au Bitanda un autre visage... Si je suis devenu l'homme que respecte le Bitandais... tout ça...

(*Montrant les médailles.*)

quel homme au monde en a autant ? Soyez reconnaissants envers les Bitandais.

Dona Béatrice : Quelle valeur leur donne-t-il le frère du Bitanda ?

Le roi : On n'offre aux autres que ce qu'on estime le plus...

Dona Béatrice : Pas toujours... Pour ces morceaux de ferraille, on sème la désolation dans le pays... Tout accord avec le Bitanda est un accord d'intérêt... ni le cœur, ni l'esprit...

Le roi : J'interdis à quiconque de parler ainsi. Mon frère très aimé, de vieille souche chrétienne, ne saurait me duper. Je lui fais confiance... une confiance totale... absolue, chrétienne. Me faire admettre parmi les enfants de Dieu, me faire roi devant Dieu et devant les hommes ? Enfin mesurez-vous la portée de tout cela ? Ah, si vous saviez tout ce qu'il projette de faire pour la grandeur de ce pays ! Un saint homme...

Dona Béatrice : L'excès de pouvoir aveuglerait-il ? Nous voyons les prétendus frères chrétiens, s'infiltrer partout. Bientôt nous vivrons tous sous le joug étranger, si cela n'était déjà. Nous avons le devoir de prévenir... de nous battre et nous nous battrons...

Le roi : Contre qui ? Contre la religion ? Contre Dieu ? Mais c'est de la folie ?

Dona Béatrice : Contre les Bitandais, contre tous ceux qui...

Le roi : Contre mon frère très aimé du Bitanda ! Contre moi. Le combattre, ce serait me combattre...

Dona Béatrice : Le miel d'aujourd'hui peut demain avoir autre goût... Ce que nous voulons, c'est que le miel demeure miel pour tous.

Le roi : Mon frère très aimé du Bitanda !... le seul qui veut m'aider à faire de ce royaume le plus beau et le plus riche de la terre...

Dona Béatrice : Votre frère très aimé du Bitanda ne défend que ses intérêts...

Le roi : Qui sont aussi les miens, aussi les nôtres...

(Elle rit.)

Insolente... Qu'est-ce qui me retient de la faire décapiter... le passé est passé; quand le roi parle on se tait, on se recueille. Ne voyez-vous pas les Bitandais me saluer ?

(Dona Béatrice les imite.)

Dona Béatrice : L'histoire ne pardonne pas. Se faire craindre par les enfants d'aujourd'hui, c'est se faire haïr par les hommes de demain...

Le roi : Dieu pardonne-lui, elle ne sait ni ce qu'elle dit, ni ce qu'elle fait. Le diable est encore en elle. *Satana retro vade !... Retro vade Satana ! Retro vade Satana !*

Dona Béatrice : Mentir aux enfants d'aujourd'hui, c'est se faire démasquer par les hommes de demain !... La société de demain leur appartient plus qu'à nous... qu'à vous...

Le roi : *Retro vade Satana ! Gloriam ad Dei Majorem.*
(Se signant.)

Gloriam ad Dei Majorem...

Dona Béatrice : Avez-vous confiance en nous ? En l'avenir du Zaïre ?

Le roi : Pourquoi pas ?

DONA BÉATRICE : Je pensais aux fonds, gérés par le très aimé frère du Bitanda...

LE ROI : *Retro vade Satana.* Le bouc même parfumé sentira toujours le bouc. La terre appartient à Dieu; le chrétien étant fils de Dieu, il est partout chez lui et peut donc en tout lieu déposer sa fortune.

(*Elle rit. Le roi en colère la bouscule.*)

DONA BÉATRICE : Non ! Ne me bousculez pas. Il est temps qu'on vous crache la vérité en face.

LE ROI : Enfin, savez-vous que vous parlez à votre roi, roi de par la grâce de Dieu ?

DONA BÉATRICE : Roi de par la grâce des Bitandais... Vous cracher la vérité en face... Il y a les chrétiens qui vivent couchés sur les lois, festoyent sur les lois, et les autres, tous les autres qui attendent la résurrection couchés sous la dalle des lois... de vos lois... Ah ! s'il fallait tout vous dire...

LE ROI : Dites, dites tout. Je sais ce qui se trame dans ce pays. Vous et les vôtres montez la tête aux gens; mes agents me tiennent au courant de toutes les tractations et de tous vos projets. Toute action contre moi est vouée à l'échec. L'armée bitandaise veille sur le pays.

DONA BÉATRICE : Prisonnier des Bitandais.

LE ROI : Moi, le roi, prisonnier ? Prisonnier de qui ?

DONA BÉATRICE : De l'argent, des Bitandais et de vos appétits... de vos rêves de grandeur...

LE ROI : Je suis chrétien...

DONA BÉATRICE : Non ! vous ne l'êtes pas encore...

Le roi : Quoi, je ne suis pas chrétien ?

Dona Béatrice : Non !

Le roi : Moi qui ait fait bâtir quatre cathédrales et des dizaines d'églises, qui ai un fils évêque...

> (*Il sort une bourse avec laquelle il va jouer.*)

Dona Béatrice : Non !

Le roi : Moi qui ne manque aucun office, brûle des cierges devant toutes les statues, fais fleurir les autels...

Dona Béatrice : Non ! non !

Le roi : Moi, moi qui ai fait brûler fétiches, masques, statuettes, tam-tams, moi, roi de par la grâce de Dieu ?

Dona Béatrice : Non, vous n'êtes pas chrétiens, ni vous, ni vos Bitandais... Nous avons affaire à des aventuriers qui veulent faire de nous des aventuriers...

Le roi : Ces Bitandais qui nous ont tout apporté et qui, avec un désintéressement au-dessus de tout éloge, se sacrifient pour nous ?

Dona Béatrice : Des chrétiens, ces Bitandais qui trafiquent de tout, et froidement assassinent les gens ? Des vautours... oui...

Le roi : Des vautours, des vautours, ces saints hommes...

Dona Béatrice : Excellence, seigneur, Majesté.

> (*Elle rit.*)

Chacun sait maintenant qui vous êtes...

Le roi : Moi...

Dona Béatrice : Un Bitandais de couleur... un agent bitandais... Vos jours sont comptés...

Le roi : Vous allez me... vous allez... me...

Dona Béatrice : Oui... le Zaïre entend redevenir le Zaïre... le Zaïre de tous et non d'une classe...

Le roi : Vous ne me comprenez pas... (*Jouant avec la bourse.*) Vous ne me comprenez pas.

Dona Béatrice : Cet argent ne vous brûle-t-il pas la main ?

Le roi : Vous ne me comprenez pas. (*Il joue avec la bourse.*) Ce que je fais, je le fais uniquement dans les intérêts supérieurs du Zaïre, notre Zaïre que je veux le pays le plus riche, le plus heureux. Je travaille pour notre bonheur à tous.

> (*Rire insolent de Dona Béatrice qui sort.*)

Retro vade Satana... Retro vade Satana ! La maudite race ! après masques et statuettes, il va falloir détruire ces prétendus interprètes des dieux, les détruire tous, des chargements pour les prochains bateaux...

> (*Recomptant son argent.*)

Tous des jaloux, des envieux. Je vais m'édifier la plus colossale des fortunes...

> (*Caressant les sacs.*)

Vous êtes la sécurité, la force, l'intelligence, la puissance...

> (*On frappe à la porte.*)
> (*Il court cacher les sacs d'argent.*

OBSCURITE

f - *Voix du héraut qui répète.*)

LE HÉRAUT : Les caravelles bitandaises viennent de découvrir de nouvelles terres... Hispaniola, Brésil... Vive Christophe Colomb !

> (*Grande fête populaire que vont sui-
> vre dans l'obscurité des coups de fu-
> sils, des cris, des râles d'agonie, des
> bruits de chaînes, de troupes, d'aboie-
> ments de chiens, de pleurs, de sirènes
> de bateaux.*)

LE HÉRAUT : Mexique ! Le Pérou !

> (g - *Puis le jour se lève sur la déso-
> lation; des morts, des mourants, des
> cohortes de femmes, d'enfants, d'hom-
> mes.*
> *Chacun porte au cou sa valeur: 2 bar-
> res, 4 barres, 6 barres, 2 fusils, 3 fu-
> sils, 5 tabacs, 1 pièce Guinée, etc...*
> *On entend monter sur tous les tons,
> mêlés aux bruits.*)

DES VOIX : Gloire à San José ! Gloire à San José Resgatado !

OBSCURITE

> (h - *Cône de lumière.*
> *Statue de San José Resgatado, patron
> de la traite. Devant la statue vien-
> nent prier et brûler des cierges, les
> esclavagistes africains et bitandais.*
> *Tous disent la même prière, en latin.*
> *Le roi aussi vient prier.*)

TOUS :
Saint José Resgatado
> *Sancte José Resgatado*

Toi qu'on ne prie pas en vain
> *Quem non frustra oramus*

Donne-moi le bonheur
           Da nobis felicitatem

Donne-moi la santé
           Da nobis valetudinem bonam

Donne-moi la paix
           Da nobis pacem

Ainsi soit-il.
           Amen.

           (*La complainte des travailleurs monte
           crescendo, ponctuée de glas et mê-
           lée aux sirènes des bateaux.*)

           RIDEAU

DEUXIEME TABLEAU

LE CONTACT

(*Le roi et son conseil.*)

LOPEZ, *lisant* : Très puissant et excellent roi de Mani Congo.

Nous vous envoyons Lopez, gentilhomme de notre Maison, en qui nous avons la plus grande confiance. Nous vous prions de l'écouter, de lui faire confiance, et de le croire en tout ce qu'il dira de notre part. Je le nomme Conseiller Résident auprès du Royal Ami Frère Dom Carlos Ier.

(*Applaudissements.*)

Permettez-moi Majesté de vous présenter mes nouveaux collaborateurs qui sont à votre service.

M. Piédebiche, Conseiller au Monopole des Transports et de l'Eau...

LE ROI : Le Mangovo.

LOPEZ : M. Delanuit, Conseiller au Monopole du Sel, des Mines, des Terres et de la Construction.

LE ROI : Le Mafouka, je l'attendais avec une très vive impatience.

LOPEZ : Monsieur Delanuit a formé le projet de donner à San Salvador le visage qui doit être le sien dans la galerie des Capitales.
M. Boutdoreille, Conseiller au Monopole de la Chasse, de la Pêche et des Produits exotiques...

LE ROI : Le Makimba...

LOPEZ : M. Boisdur, Conseiller au Monopole des Enterrements et des Assurances.

M. Lapoudre, Conseiller à la Guerre. C'est un des plus vieux vétérans de nos multiples champs de bataille; à l'expérience, il joint une intelligence exceptionnelle.

LE ROI : Le Makaka... le Makaka...

LOPEZ : M. Laboursepleine, spécialement détaché auprès de votre Majesté pour veiller sur vos intérêts...
et enfin M. La Promesse, Conseiller des Conseillers, mon adjoint.
Tous à votre entière disposition pour vous aider à mettre le pays en valeur, et à faire du Zaïre ce dont nous rêvons tous, le témoignage le plus irrécusable de notre commune volonté de réussite.

LE ROI : Comme c'est agréable de constater que mon frère très aimé s'intéresse aussi vivement à l'avenir du Zaïre.

Lopez : Il ne se passe pas de jours qu'il ne parle de vous, de votre grandeur, de votre sagesse...

Le roi: Mon frère très aimé est un saint homme.

Lopez : Il nous a expressément recommandé de maintenir la paix à tout prix, de protéger votre trône qui est aussi le sien...

Boutdoreille : Il y a, tapis dans l'ombre, des écervelés qui trament de ténébreux desseins.

(*Entrée d'un conseiller qui parle au roi.*)

Le roi : Une guerre malheureuse avec des vassaux révoltés m'a fait perdre San Salvador, ma belle capitale.

Lapoudre : Tout rentrera très bientôt dans l'ordre. Chacun saura ce qu'il en coûte de s'opposer à vous.

Le roi : San Salvador, ma belle capitale aux mains des tribus païennes... aux mains des infidèles...

Lopez : Nous n'avons pas été avertis à temps de cette rébellion... Mon prédécesseur n'a pas fait preuve d'énergie...

Lapoudre : Votre très prochaine victoire sur les suppôts du diable ne sera que plus éclatante...

Lopez : Qu'ils ne sachent pas apprécier l'honneur qui leur est fait de vivre à l'ombre de notre drapeau,

Le roi : Qu'ils refusent de respecter le mien mais pousser l'ingratitude jusqu'à oublier que sur leur tête flotte aussi le drapeau de mon très auguste frère du Bitanda. Soyez sans pitié. Que chacun sache enfin que je suis sur ces bords le seul mandataire de Dieu. J'aimerais vous entretenir en particulier.

> (*Les autres sortent, excepté Lapromesse et Lapoudre.*)

Vous savez, Fernand de Mello, ce brigand de Sao Thoga a besoin d'une sévère correction. Il entrave le cours de notre commerce, prélevant indûment des droits sur chaque bateau qui lève l'ancre de Mpila et passe au large de l'île.

LOPEZ : Votre très auguste frère vient de le nommer gouverneur à titre héréditaire.

LE ROI : Gouverneur ! pas possible. Un brigand de cette envergure ? Un forban de cette classe ? Un individu sans loi ?

LOPEZ : Tout est possible aux puissantes majestés.

LE ROI : J'avais pourtant écrit pour qu'il soit relevé. Les autres l'ont été et lui pas encore.

LOPEZ : Votre lettre n'est certainement pas encore arrivée.

LE ROI : La recevra-t-il jamais, mon auguste frère du Bitanda ? Ce pirate, cette canaille de Mello n'a-t-il pas l'habitude d'intercepter mes lettres ?

LOPEZ : Lorsqu'il la recevra, Sa Majesté saura comment faire pour plaire à Votre Majesté.

LE ROI : J'ai eu le temps d'apprécier chacun des anciens agents que mon royal frère avait eu la bonté de me dépêcher. Certes leur relève posait des problèmes, mais pouvais-je couvrir indéfiniment ce qui se passait au nom de Sa Majesté du Bitanda ?

Lopez : Ceux que je viens d'avoir l'honneur de vous présenter, auront à cœur de vous donner entière satisfaction. Je réponds de leur fidélité.

Le roi : Faites occuper le duché de Ngola, au sud de la rivière Kuwanza. La tribu est devenue fort turbulente.

Lopez : On ne fait pas appel en vain à notre armée, qui est aussi la vôtre.

Le roi : J'aimerais que vous augmentiez les redevances qui me reviennent.

Lopez : Le roi en sera saisi.

Le roi : Il m'est revenu que vous envisageriez de vous emparer de l'île de Loanda, l'île aux cauris, afin de remplacer ma monnaie par la cortade, monnaie bitandaise.

Lopez : Majesté, je présume que des bruits aussi infâmes, des mensonges aussi impudents sont propagés par nos pires ennemis communs, les Hollandais, les Anglais qui se sont permis de trancher la tête à une Majesté.

Le roi : Vous dites ?

Lopez : ... trancher la tête à une Majesté...

Le roi : Et l'Occident a laissé faire, et il n'y a pas eu de guerre... Mais c'est une honte pour le monde entier... couper la tête à un roi...

Lopez : L'Occident a des habitudes et des mœurs qui surprennent même le plus prévenu des observateurs. Que jamais ils ne mettent les pieds sur ces rives.

Le roi : Jamais ! Jamais ! Couper la tête à un roi... C'est le monde à l'envers... Un roi, il est fait pour couper la tête à ses sujets, et non pas les sujets pour la lui couper. Un roi, il est fait pour être servi par ses sujets et non pas les sujets pour être servis... Qu'on donne l'ordre qu'aucun Anglais dans le royaume du Zaïre ne mette les pieds...

LOPEZ : Dormez de toute votre Majesté majestueuse. Nous veillons scrupuleusement sur votre propre personne et sur vos intérêts intimement mêlés aux nôtres...

LE ROI : Ce pirate de Mello... On m'a laissé entendre que le roi l'aurait décoré pour signalés services rendus à la Couronne.

LOPEZ : C'était pour avoir ramené au bercail des âmes païennes.

LE ROI : Le gouverneur de Sao Thoga ne considérerait-il pas comme une atteinte à ses privilèges, toute transaction directe entre le Zaïre et le Bitanda ?

LOPEZ : Majesté, je soupçonne cette fois les Français de propager des rumeurs aussi pernicieuses. Ils sont spécialistes en la matière; ne se permettent-ils pas, pour nuire à vos intérêts les plus vitaux, de donner du tabac en gratification, dépréciant ainsi la monnaie d'échange ?

LE ROI : J'ai ouï dire que les armées de Ngola, de Ndongo, comprendraient des auxiliaires bitandais.

LOPEZ : Nous les y envoyons afin de mieux surveiller ces turbulentes tribus.

LE ROI : Vous faites bien...

LOPEZ : La fidélité bitandaise est proverbiale dans le monde entier. Majesté, ne pensez-vous pas qu'il serait temps de vous débarrasser d'une certaine femme qui trouble la paix ?

LA PROMESSE : ... s'oppose à votre action si salutaire.

LAPOUDRE : Si désintéressée.

LOPEZ : Ce peuple est trop fruste pour saisir la subtilité de votre politique.

LE ROI : Est-il donné à tout le monde d'être intelligent ?
Notre mission n'est-elle pas de porter la lumière partout où règne l'obscurité ? de propager la vérité ? de remettre tout le monde sur le droit chemin ?

LAPOUDRE : L'arrière-pays ne semble pas comprendre que...

LE ROI : Je souhaiterais la suppression de l'évêché de Sao Thoga.

LOPEZ : Je vous parlais, seigneur, de Dona Béatrice... qui serait en rapports étroits avec Junga de Matamba, notre pire ennemie.

LE ROI : Dona Béatrice ? Cette folle qui nous accuse d'emprisonner Dieu en lui bâtissant des maisons, comme si elle et les autres ne construisaient pas des préaux à leurs prétendus dieux. Je pense qu'elle ne mérite aucune attention spéciale.

LOPEZ : Ne serait-elle pas le diable en personne ?

LE ROI : La famille a toujours fait le contraire de ce que font les autres. Elle joue au diable, qu'elle aille donc au diable. Je demandais la suppression de l'évêché de Sao Thoga...

LOPEZ : Les faits qui vous dictent votre attitude ne se reproduiront plus. Une excellente nouvelle. Sa Majesté votre frère très aimé du Bitanda vous fait annoncer que le cours du cuivre, de l'ivoire et des esclaves a augmenté et vos derniers envois vous rapportent un bénéfice net de dix millions de reis que voici...

LE ROI : Cette somme sera-t-elle en sécurité dans ce pays ?

LOPEZ : Vous pourrez l'investir dans les multiples entreprises que nous projetons de monter.

LE ROI : Non ! Je préfère l'avoir chez vous...

LOPEZ : C'est sage... Vous donnez au monde une profonde leçon de politique et de sagesse.

LE ROI : Dans un pays où les ténèbres font muraille...

LAPOUDRE : Les forteresses de Massangano, Ambaca, Cambambo, Andongo, Muxima Pungo... veillent sur votre royaume et le diable même ne saurait nous échapper.

LE ROI : N'a-t-on pas avancé que je fais obstacle au progrès de l'évangélisation et que ma déposition hâterait...

LOPEZ : Votre Majesté peut-elle prêter une oreille attentive à d'aussi basses calomnies ? Soyez assuré que sur les côtes bitandaises du Zaïre (*surprise du roi*), vous êtes le plus solide pilier pour l'œuvre entreprise. Quels bénéfices retirez-vous de tant de sacrifices ?

LE ROI : Incompris par les miens, devrais-je l'être aussi par celui au sort duquel j'ai lié le destin de ma dynastie ?

Lopez : Sa Majesté en est si consciente qu'elle vous élève dans la dignité de Grand Croix dans l'Ordre du Christ.

(*Il lui remet les insignes.
Il en a les larmes aux yeux de joie.*)

Vous savez la guerre implacable que nous livrons aux sorciers, à tous ceux qui s'opposent à l'expansion de la véritable religion. L'espèce ne paraît pas tarir. L'œuvre la plus belle de votre règne serait...

Le roi : J'ai compris. Mais il y a Gourg.

Lopez : Cet Anglais...

Le roi : Non, un Bitandais.

Lopez : Votre Majesté fait erreur. M. Gourg est un sujet anglais qui a pris la nationalité bitandaise.

Le roi : Vous avez des mœurs étranges ! On peut donc naître Bitandais et par papier devenir Anglais, Français, Hollandais.

Lopez : Oui, Majesté. Le papier chez nous est au-dessus des frontières.

Le roi : Donc ce Gourg recommande aux indigènes de s'opposer au pouvoir, de s'opposer aux traitants, de s'adonner à la culture du café et du cacao. N'est-ce pas vouloir ruiner l'économie du pays ?

Lapoudre : Se dresser contre les intérêts de Nos Majestés ?

Lopez : Il a pris le premier bateau ce matin pour le Bitanda. Nous ne tolérerons jamais ici, autre son de cloche que le son de nos cloches.

Le roi : Vous faites bien... Ma décision la plus ferme est que notre coopération s'approfondisse d'année en année... J'avais, je crois, manifesté le désir de visiter un jour mon très cher frère du Bitanda.

Lopez : Sa Majesté m'a chargé de vous avertir qu'Elle enverra un bateau spécial pour vous et votre suite. A votre convenance la date d'arrivée au Bitanda.

Le roi : Que tous les dieux associés prolongent les jours de mon très cher frère...

Lopez : Majesté, vous allez pénétrer dans un monde où l'on ne donne jamais la main à n'importe qui.

Le roi : Ah ! Comment peut-on vivre heureux, épanoui, sans jamais donner la main aux autres ?

Lopez : On demande la main d'une jeune fille.

Lapoudre : On accorde la main d'une jeune fille.

La Promesse : On baise la main d'une femme... comme ça...

Lopez : Une femme refuse sa main... mais jamais, jamais on ne tend la main à une personne qu'on ne connaît pas... qui ne vous a pas été présentée...

Le roi : Ah ! Comment peut-on vivre heureux, épanoui, s'il est interdit de tendre la main à un autre homme ?

Lopez : C'est ce qu'on appelle l'étiquette... Permettez-moi, Majesté, de vous présenter M. Bonnechère...

(Il entre avec une table pliante, fait la révérence, déplie la table, dispose le couvert.)

BONNECHÈRE, *volubile* : Vous allez, Majesté, vous glisser dans la société où les choses et les hommes se tiennent fermement sur leurs pieds. Allez droit devant vous, sans jamais regarder ni à droite, ni à gauche... Cela serait de l'indiscrétion, et l'indiscrétion conduit au bavardage, le bavardage à la calomnie, la calomnie à la médisance, la médisance au procès, le procès à des pertes d'argent...

LE ROI : ... à des pertes d'argent.

BONNECHÈRE : Oui, Majesté, à d'énormes pertes d'argent. Or, il n'est pas bon qu'une Majesté perde de l'argent. La perte d'argent pour une Majesté équivaut à... à...
Enfin, il y a donc une étiquette à suivre, à respecter scrupuleusement, très scrupuleusement. C'est ce qu'on appelle le savoir-vivre.

LE ROI : Le savoir-vivre.

BONNECHÈRE : Ou le savoir se tenir.

LE ROI : Le savoir se tenir...

BONNECHÈRE : Oui, Majesté, cela est capital... A table, restez serein, calme, superbe. Ne pensez qu'à ce dont vous allez vous régaler, car chacun pour soi et Dieu pour tous, et notre Seigneur Dieu qui est très bon et très généreux toujours donnera à boire et à manger à ceux qui n'en ont pas... Donc l'étiquette exige que Sa Majesté dorme en musique... parce qu'il faut que Votre Majesté soit toujours de bonne humeur...

(Le roi éclate d'un rire bruyant.)

Ce rire, Majesté, ne saurait tenir dans un salon,

il faut le dompter, l'endiguer, le civiliser. A la cour de Bitanda ont rit comme cela...

> *(De petits gloussements que le roi imite, puis il éclate d'un rire franc au grand scandale des autres qui se croient obligés de rire.)*

A table, Majesté... apprenez Majesté que la façon de manger vaut parfois dix mille fois mieux que ce qu'on mange.

LE ROI : Que dites-vous ?

BONNECHÈRE : Un repas peut être mal préparé et cependant donner de l'appétit à celui qui vous regarde manger.
Principe absolu : on ne mange pas les os.

LE ROI : Jamais ?

BONNECHÈRE : Jamais...

LE ROI : Les cartilages ?

BONNECHÈRE : Jamais...

LE ROI : La moelle ?

BONNECHÈRE : Jamais... Les os, c'est pour les chiens et encore ça dépend du chien de quelle classe de la société... Le chien de Sa Majesté ne mangera pas les os, le chien de M. Lopez ne mangera pas les os... Ah ! chez nous tout est réglé, compartimenté, étiqueté... Des hommes peuvent manger des os, c'est leur affaire... mais dans la bonne société... on ne jettera jamais un os au chien...

LE ROI : Mon peuple adore manger les os...

BONNECHÈRE : C'est non seulement de la primitivité, mais... mais... Deuxième principe : On ne se lèche pas les doigts... faites constamment attention à vos doigts.

LE ROI : Les cartilages, la moelle, les os, les doigts... Quelle misère !

LOPEZ : Je constate que Sa Majesté n'a pas son manteau pourpre.

(*On le lui apporte.*)

BONNECHÈRE : Votre manteau, Majesté.

LE ROI : La chaleur.

BONNECHÈRE : L'étiquette est au-dessus du froid et de la chaleur, au-dessus de tout.

LOPEZ : Une Majesté qui s'expose ne saurait être respectée. Les hommes ne courent qu'après ce qu'on cache... surtout les femmes bitandaises dont la curiosité est le péché mignon, Majesté.

BONNECHÈRE : Commençons par le pâté. Ce pâté arrive en droite ligne de Paris, une des villes nombreuses que nos valeureuses armées ont conquises. Le pâté donc se coupe à la fourchette, jamais au couteau : excepté le pâté en croûte. (*Etonnement du roi.*) On porte le pâté à la bouche avec une fourchette... Majesté, c'est la fourchette qui monte à la bouche... Un... on coupe, deux, on pique le morceau, comme ça à la mode bitandaise, trois, on lève la fourchette jusqu'à la bouche... Tournez, tournez vers la bouche... les doigts aux deux tiers du manche de la fourchette, le médium servant de pivot, pour faire tourner la fourchette, attention, Majesté, le menton au-dessus de l'assiette, quatre, on met le pâté dans la bouche. Ouvrez la bouche, ouvrez bien... la fourchette ne touche pas les dents... avancez la langue, rentrez-la un peu, encore... le coude le long des côtes...

(*Le roi mange et rote.*
Lopez tousse.)

BONNECHÈRE : Majesté, ces pratiques ne sont pas en vigueur dans les cours occidentales. Cela peut arriver... Il y a de ces incongruités incontrôlables... Je vous apprendrai tantôt à les masquer.

LE ROI : On ne rote pas ?

BONNECHÈRE : Presque jamais.

LE ROI : On ne mange pas des os !

BONNECHÈRE : Presque jamais.

LE ROI : Est-ce possible de vivre heureux, les bras au corps et le cœur bridé ?

LOPEZ : La raison doit en tout avoir le pas sur le cœur.

LE ROI : La question des os me tracasse. Manger sans avoir croqué un peu d'os c'est n'avoir pas fini de manger.

BONNECHÈRE : Les os des petits oiseaux et des cuisses de grenouilles, seuls sont permis, mais alors il faut les prendre délicatement et les sucer avec art. Comme cela...

> (*Il remplit le verre, le roi en empoignant le verre renverse la salière.*)

BONNECHÈRE : Oh ! malheur, Majesté.

LE ROI : Malheur ? quel malheur ?

BONNECHÈRE : Renversée, la salière, le sel répandu.

LE ROI : Le sel ! le sel ! et alors ?

BONNECHÈRE : Il faut conjurer le mauvais sort. Vite, trois pincées de sel par-dessus votre épaule gauche... votre épaule gauche, Majesté ! un, deux, trois, là !

*(Soupirs. Le roi empoigne le verre.
Bonnechère passe à gauche du roi,
qui s'apprête à vider son verre.)*

LE ROI, *épouvanté* : Non ! Non ! Jamais ! Personne à ma gauche lorsque je mange. Personne.

*(Il prend des pincées de sel qu'il jette
trois fois par-dessus l'épaule droite.
Le sel tombe dans l'œil de Bonnechère.)*

Que les dieux nous préservent de tout malheur.

(Il empoigne le verre).

BONNECHÈRE : Non ! Majesté. Pour boire, avancer délicatement la main vers le verre, ne jamais prendre le verre à pleines mains, mais comme ça. En tout, il faut de l'aisance; levez le coude, boire droit sans que le nez plonge dans le verre et sans qu'on entende surtout, surtout un bruit de gosier... On boit à gorge muette... Levez le coude, Majesté. N'ayez pas peur de le lever, votre coude. C'est une habitude à prendre... là... là... très bien Majesté !

*(Applaudissements.
Il rote, les autres se regardent, tous-
sent... et rotent.)*

LE ROI : Notre étiquette n'est pas aussi compliquée. Lorsque je recevrai mon très cher frère du Bitanda, je lui enverrai des maîtres à roter. Il faut qu'il apprenne à nous faire plaisir.

BONNECHÈRE : Enfin Majesté, quand on n'a pas fini de manger, on pose fourchette et couteau devant soi comme ça, ne l'oubliez pas... Cela est très important. A-t-on terminé ? fourchette et couteau se mettent au pied du verre, le tranchant du couteau tourné vers le verre posé avant la fourchette... Non, Majesté... comme ça... là...

*(Le garçon se précipite pour tout em-
porter.)*

LE ROI : Mais, je n'ai pas fini, je n'ai pas fini. Il est bon ce pâté.

(*Bonnechère sort avec la table pliante.*)

LOPEZ : Ce n'était qu'un exercice, Majesté.

Pour éviter les conflits, pour qu'une Majesté n'incommode une autre Majesté, il est de règle que les Majestés unies fassent chambre à part... (*Surprise.*) Les pièces conçues de telle sorte qu'on se rend facilement visite.

LE ROI : A quelles heures... et combien de fois...

LOPEZ : A votre convenance, Majesté.

LE ROI : Sans exercice ?

LOPEZ : Non, Majesté. Une fois le pouvoir accroché ou suspendu, vous recouvrez toutes les libertés...

Il nous revient que les sociétés secrètes ont excessivement proliféré.

LE ROI : C'est bientôt Noël. Que pensez-vous qui puisse faire plaisir à mon très cher frère du Bitanda ?

LOPEZ : Une augmentation du tonnage des bateaux, une rapidité dans le chargement seront très appréciés. Il faut profiter de la hausse des prix. Mais les poumberos sont pourchassés, ainsi l'approvisionnement paraît quelque peu ralenti, troublé par l'impunité dont jouissent des brigands, qui, s'opposant à l'expansion de la lumière, voudraient nous empêcher de faire moisson d'âmes...

LAPOUDRE : L'audace des hommes-panthères n'aurait plus de bornes...

LE ROI : Il y a eu dans le temps quelques disparitions d'hommes, surtout de femmes...

Lapoudre : L'ordre est donné à nos troupes de les traquer jusque dans leur dernier repaire.

Le roi : J'ai pleine confiance en vous... buvons donc à la santé de mon très cher frère du Bitanda.

Lopez : A la santé de Votre Majesté...

> *(Comme ils s'apprêtent à boire, apparaissent des hommes-panthères qui enlèvent M. Lapoudre.*
> *On entend sonner le tocsin, le clairon de caserne en caserne.)*

FIN DE L'ACTE II

ACTE III

PREMIER TABLEAU

LE REVEIL

*(Dona Béatrice et une acolyte en
tenue de prêtresse, font tinter des
clochettes.*

Dans la pénombre des gens dorment.)

DONA BÉATRICE : Où sont-ils les hommes du
Zaïre... ceux qui, hier, affrontaient le léopard et
l'éléphant à la sagaïe ?
Où sont-ils les valeureux enfants du Zaïre, les
descendants de Nimi Aloukeni, de N'Zinga
Mbemba ?

L'ACOLYTE : Tous assoupis...

DONA BÉATRICE : Repus de misères...

L'ACOLYTE : Pétris de peurs.

DONA BÉATRICE : Sur nos têtes flottent deux drapeaux, que peuvent-ils protéger ?

L'ACOLYTE : Couvrir, de leur ombre,

Dona Béatrice : Sinon le bonheur des hommes ?

L'acolyte : La sécurité pour tous ?

Dona Béatrice : Que peuvent-ils nous chanter ?

L'acolyte : Sinon le chant martial de la liberté?

> (*Un homme se réveillant, se défait de ses chaînes.*)

L'homme : Quelle liberté peut exister dans un pays empli de chaînes ?

Un autre homme : Bouleversé, où le père vend le fils,

Un troisième homme : Le fils, la mère,

Une femme : ... la mère, la fille ?

Premier homme : L'ordre bitandais a été le désordre chez nous.

Tous : ... la mort chez nous...

L'acolyte : Où tout le monde croupit dans la peur, Congo de la Cloche...

Dona Béatrice : Kongo dia Nginga que les cloches cessent de sonner le glas et le tocsin... Un autre son de cloche...

L'acolyte : Levez-vous et écoutez...

Dona Béatrice : Hommes devenus objets de montre,

L'acolyte : ... exhibés dans les foires avec les chevaux et les ânes, les poules et les pintades,

Dona Béatrice : Chalands, badauds, mendiants de vie, soyez plus que cela !

Deuxième homme : Pour gagner le ciel, il nous faut d'abord gagner la terre.

L'acolyte : Qui ne gagne pas la terre, perd le ciel.

Dona Béatrice : Producteurs de canne à sucre...

L'acolyte : ... de coton...

Dona Béatrice : ... de café! Vous tous du Congo de la Cloche... exportez de la colère et de la révolte...

> (*Les gens accourent.*)

Hommes des barracons et des baraquements, tous en marge de la vie, hommes des cantonnements et des relais, menant la vie d'étape en étape, voici se lever le soleil.

> (*Se dressent ceux qui étaient couchés.*)

Qu'ils sachent, nos maîtres de toutes couleurs, que nous allons nous admirer cette nuit dans la clarté des incendies...

L'acolyte : Un dieu naît. Un peuple va renaître...

> (*Coups de sirènes de bateaux.*)

... qui ne sera plus fret pour le *Dona Maria*, ni pour saint Gabriel l'archange.

Deux hommes : Dans la forêt des monopoles, nous aurons le monopole de la colère.

L'acolyte : Dépouillez-vous de toutes les guenilles.

TROIS HOMMES : Nous descendrons l'amour de sa croix.

TOUS : De nos bouches soufflera le typhon qui purgera la terre des injustices.

DEUX HOMMES, *survenant* : Nous avons brûlé des champs de canne à Sao Thoga.

(*Cris de joie.*)

TOUS :
— Les chaises à porteurs au nom de Dieu, père unique des hommes.

(*Cris de joie.*)

— Liberté ! Liberté ! Oh !
— Liberté ! Liberté ! Oh !

PREMIER HOMME : C'est nous les hommes du Zaïre...

DEUXIÈME HOMME : Les Noirs...

TROISIÈME HOMME : Les Nègres...

PREMIER HOMME : Le peuple qui change de couleur...

DEUXIÈME HOMME : ... et de nom...

TROISIÈME HOMME : ... au gré de l'histoire...

PREMIER HOMME : ... arlequin...

DEUXIÈME HOMME : ... fantoche...

TROISIÈME HOMME : ... fantôme.

TOUS :
— Liberté ! Liberté ! Oh !
— Liberté ! Liberté ! Oh !

DONA BÉATRICE : Les hommes ne fréquentent plus les factoreries, le genièvre...

L'ACOLYTE : ... le tabac...

DONA BÉATRICE : ... le rhum...

L'ACOLYTE : ... l'eau de la Barbade...

DONA BÉATRICE : ... plus rien ne se vend.

TOUS :
— Liberté ! Liberté ! Oh !
— Liberté ! Liberté ! Oh !

L'ACOLYTE : On ne prend plus les barques.

DONA BÉATRICE : Nul ne se hasarde dans les salles de danse.

L'ACOLYTE : Les poumberos abandonnent les caravanes.

DONA BÉATRICE : Les hommes ne se trahissent plus, ne se vendent plus.

TOUS :
— Liberté ! Liberté ! Oh !
— Liberté ! Liberté ! Oh !

L'ACOLYTE : Nous avons refusé de nous laisser prostituer...

DONA BÉATRICE : Les habitants de Mbamba ont massacré les troupes bitandaises...
Jésus, il sait, Lui, combien de mépris contient une gifle,

PREMIER HOMME : Un coup de pied,

DEUXIÈME HOMME : un coup de chicotte,

Dona Béatrice : Le complot de la minorité armée contre la majorité désarmée... la société pétrifiée dans sa conception même.

L'acolyte : Les hommes se sont révoltés sur le *Jésus,*

Dona Béatrice : sur le *saint Jean Baptiste,*

Premier homme : sur *sainte Marie des Anges,*

Deuxième homme : sur *saint Antoine de Bon Voyage,*

Dona Béatrice : sur *Dieu le Père.* Le roi nous fait vivre de feux d'artifice, d'honneur et de grandeur... Debout ! Retour à Mbanza Congo. Il nous faut restaurer l'unité du pays.

On a donné à manger à l'aveugle, il n'a pas dit merci... dira-t-il merci lorsqu'on lui aura blanchi le linge ?

Tous : Non !

L'acolyte : Enfants du Dieu qui aime la poudre et le sang...

Tous : Nous savons comment on édifie une fortune au nom de l'Amitié, de la Charité, de la Fraternité.

Dona Béatrice : Au grand Soleil, faisons étinceler notre couleur de diable.

(*Ils allument des torches et dansent.*)

Tous :
— Liberté ! Liberté ! Oh !
— Liberté ! Liberté ! Oh !

RIDEAU

LE REVEIL

NOEL A ZAIRE

(*Sons de cloches ponctués de coups de tam-tams sporadiques entrecoupés de coups de fusils.*

a) *Deux hommes ivres chantent, ils tombent, se relèvent... traversent la scène...*

b) *Deux porteurs de fanal chantent et dansent...*

A leur suite viennent des hommes dépenaillés, portant dans des hamacs des Blancs et des Noirs cossus...

Le son des cloches va croissant, et on entend chanter le « Venez divin Messie ».

c) *La messe de minuit.*

Les Blancs en tête, au second rang les nègres notables et leurs familles et tout à l'arrière, les porteurs.)

LE PRÊTRE : Mes chers frères,

Aujourd'hui est né le Sauveur du genre humain, le Messie qui nous a réconciliés avec Dieu le Père, en acceptant de mourir pour nous sur la croix. Cet être divin, trahi, renié, sera vendu pour trente deniers, encore moins que quatre barres de fer. Que prêchait-Il ? L'amour. En nous ordonnant de nous aimer les uns les autres n'a-t-Il pas ajouté, qui se servira de l'épée, périra par l'épée ? Soyons donc patients comme Jésus a été patient sous les outrages. N'a-t-Il pas, Lui aussi, été vendu, n'a-t-Il pas eu faim, soif, n'a-t-Il pas subi tous les affronts ?

Soyons patients, soumis et par notre patience et notre soumission méritons le ciel où nous attend le bonheur le plus parfait, en nous aimant les uns les autres, avec autant d'ardeur que nous aimons Dieu notre Père qui est dans le ciel. Allez en paix...

> *(Chant « Il est né le divin enfant ».*
> *Les gens remontent dans leurs hamacs, sont assaillis par des chasseurs d'hommes de l'île de Sao-Thoga et des Noirs en révolte.*
>
> *Ceux de Sao-Thoga se saisissent de deux membres de la famille royale, et les Noirs emportent deux Blancs. Le chant continue crescendo et le rideau se ferme sur le tumulte.)*

RIDEAU

TROISIEME TABLEAU

LE ROI ET LOPEZ

*(Le roi et Joao Texeira, homme du
Zaïre, une lettre à la main.)*

LE ROI : Non, je refuse ! Ils m'ont fait assez de
crasses... ces bons Bitandais chrétiens ! Tout
doit changer...
Il faut que tout change !

TEXEIRA : Notre devoir, Majesté, a toujours été
de vous mettre en garde contre les prétentions
bitandaises, de nous mettre à votre service, au
service de notre pays... j'ai choisi d'être présent.

LE ROI : Ah ! si tous les enfants du Zaïre agis-
saient comme toi ! Pourquoi restent-ils tous au
Bitanda ?

TEXEIRA: C'est peut-être bien pour leur sécurité.

LE ROI : Mais toi... ton exemple, Texeira ! Je ne suis pas un ogre... Ah ! les Bitandais, la peste !

TEXEIRA : Les Bitandais... Majesté, enlèvements, arrestations...

LE ROI : Oui Texeira, j'ai compris. Il faut que tout change. Les Bitandais ! les Bitandais. Susciter la guerre civile, alimenter la guerre civile, miner mon trône, me sourire, me décorer... La ruse ! Le mensonge ! et les seules victimes : Nous ! Les armes distribuées ne tuent que des hommes du Zaïre... après il faut leur payer et les armes et la poudre, et leurs soldats... Monopole de la navigation, monopole de la traite, monopole de la mort... Et tout ça sous le couvert de mener des âmes au Bon Dieu... La belle duperie... Je veux interdire la traite... toutes les traites... Pourquoi veulent-ils que toujours leur richesse ait pour assise la pauvreté des autres ?

TEXEIRA : Leur soif de puissance est sans limites.

LE ROI : Moi, je veux la limiter. Avec eux je vais engager la bataille. Pourquoi susciter tant de complots chez les autres ? Pourquoi ne veulent-ils pas qu'il existe autre régime que le leur ? Ce nez long qu'ils fourrent partout... Il va falloir le raccourcir... Je veux interdire la traite et on verra après. Aujourd'hui le peuple boude, gronde...

TEXEIRA : Le peuple a tant espéré qu'il a fini par prendre ses distances...

LE ROI : Ce peuple frère, aujourd'hui ennemi ! Ces mains qui se tendaient joyeusement vers moi, aujourd'hui deviennent des poings rageurs...

TEXEIRA : Le peuple est prêt à reprendre le dialogue avec son roi... pourvu que...

LE ROI : J'ai compris aussi. J'ai été pris dans un piège. Les Bitandais ont autour de moi tissé des rêts ; ils ont détruit mon royaume. Voilà que je me réveille, devenu l'ennemi de mes compatriotes. Ils m'ont affublé de fripes, d'oripeaux, de médailles dont il ne savent que faire. Rien que des hommes à leur solde. En toutes occasions heureuses ou malheureuses j'ai, à mon frère du Bitanda, adressé des félicitations. Je lui ai fait envoyer des secours. M'en a-t-il jamais adressés ?

Or nous ont-ils manqué les famines, les inondations, les tremblements de terre ? La nature chez nous n'a-t-elle pas aussi ses jours de colère ?

TEXEIRA : Majesté...

LE ROI : Me voici toujours hors de ma capitale... Je veux sortir de ce cercle vicieux. Quoi ! est-ce de la technicité, le labyrinthe dans lequel on traite les affaires du pays ? Pour avoir le droit d'acheter un bateau, il faut passer par le gouverneur de Sao-Thoga, un voleur, un forban...

Moi, souverain de par la grâce de Dieu, frère très aimé du souverain du Bitanda, ma demande ne pourra être honorée que si le gouverneur de Sao-Thoga estime que j'ai réellement besoin d'un bateau et qu'il en garantit le paiement. Or il ne peut garantir ce paiement s'il n'a pas au préalable l'accord bitandais, or pour avoir l'accord bitandais il faut auparavant l'accord du gouverneur de Sao-Thoga, il faut que les bureaux bitandais aient pu discuter du dossier, et pour que le dossier puisse être discuté, il faut qu'une commission d'experts soit réunie, laquelle ne peut être réunie que si...

Allons ! Allons ! La belle blague... des crapules !... les Bitandais, des crapules.

TEXEIRA : Trop de confiance, Majesté, trop de confiance, c'est encore... un péché... un péché nègre...

LE ROI : Voilà qu'il menace de faire de l'Angola un nouveau port au détriment de Mpinda.

Je fais appel aux Hollandais, je leur céderai le dixième de mon territoire, le cinquième du revenu royal, pourvu qu'ils m'aident à me débarrasser des Bitandais... surtout de ceux de Sao-Thoga qui ont poussé l'audace jusqu'à enlever des membres de ma famille, ma famille... la famille royale !

TEXEIRA : Votre frère très aimé ne doit pas être au courant de toutes les machinations, de tous les trafics...

LE ROI : Le pensez-vous ?

TEXEIRA : Je le suppose.

LE ROI : Faites expédier la lettre. Relisez-la-moi.

TEXEIRA : La liberté excessive donnée par vos agents de factorerie et vos fonctionnaires aux gens et aux marchands autorisés à venir dans ce royaume pour ouvrir des boutiques contenant des marchandises et beaucoup de choses que nous avons interdites et qu'ils répandent dans notre royaume et nos domaines, si abondamment que beaucoup de nos vassaux, qui nous obéissaient ne se soumettent plus, parce qu'ils ont des biens en plus grande abondance...

LE ROI : C'est bien...

TEXEIRA : J'avais pensé que...

LE ROI : Vous n'avez pas à penser. Moi seul pense pour tous dans ce royaume, moi, roi de par la grâce de Dieu ! J'ai écrit au Très-Saint-Père le pape pour qu'il m'envoie un évêque qui ne soit pas Bitandais, parce que s'il l'était il serait en tout d'accord avec les gouverneurs de Ndongo, de Sao-Thoga et autres lieux devenus des repaires de brigands. Qu'avait-il répondu ?

TEXEIRA : Qu'il envoyait le cardinal de Sainte-Cécile qui n'est jamais arrivé.

LE ROI : Sera-t-il ici à temps ?

TEXEIRA : Dites-vous, Seigneur, que dans les empires chrétiens d'Occident, les intérêts ont trop souvent le pas sur la foi. La foi c'est encore un capital bien placé qui produit des intérêts.

LE ROI : Le Bitandais ne croirait-il donc pas en Dieu ?

TEXEIRA : Qui vous dit qu'il y croit ?
Son argent, voilà son dieu !
Son bien-être, voilà son dieu !

> (*Le roi se laisse tomber sur une chaise et se signe.*)

LE ROI : C'est-à-dire que Dona Béatrice a raison... que j'ai été un outil... un instrument... Moi, le roi, on s'est servi de moi, au nom de Dieu... On me payait ce qu'on voulait bien me donner...

TEXEIRA : Les affaires en Occident sont les affaires. Les chiffres ne connaissent ni amis, ni parents. Ils tiennent un langage clair, précis... rigoureux...

UN MESSAGER : On dit que les Hollandais ont débarqué.

LE ROI : Très bien ! Très bien... Mon royaume va être sauvé.

TEXEIRA : Faisons appel aux Anglais, aux Français.

LE ROI : Non ! Ils sont nos bêtes noires.

TEXEIRA : Pourquoi ?

LE ROI : Les Bitandais nous ont dit de nous méfier d'eux. Les Français distribuent gratuitement des corolles de tabac et les Anglais ont tranché la tête à un roi...

TEXEIRA : La tête à leur roi...

LE ROI : Il y a solidarité entre tous les rois...

TEXEIRA : Dommage qu'il n'y en ait pas entre les peuples...

LE ROI : Que dites-vous ?

TEXEIRA : Pourquoi épouser des querelles étrangères... ? Qui pour nous dans ce pays ne sera chacal ?

LE ROI : Vous pensez donc que tous...

TEXEIRA : Oui... on peut le dire...

LE ROI : Alors dans quel guêpier me suis-je fourvoyé ?

UN MESSAGER : Ils soutiennent ceux de San Salvador.

LE ROI : San Salvador ! La cathédrale dans laquelle, mort, je serai enterré ! San Salvador aux mains de l'étranger !

LE MESSAGER : Ils se sont alliés aux royaumes de Kabangou,

LE ROI : De Kabangou...

LE MESSAGER : De Mboula.

LE ROI : De Mboula... Mboula, Kabangou, les plus fidèles alliés. Avez-vous invoqué saint Antoine, saint Georges ?...

TEXEIRA : Ne sont-ils pas Bitandais ?

LE ROI : Bitandais, tous mes protecteurs, même ceux du ciel ! Aurais-je jamais pensé que le très chrétien frère du Bitanda aurait un jour fait passer ses intérêts avant ceux de la foi ? Ah Kongo dia Ngunga ! Congo de la Cloche ! Que vas-tu devenir ? Ils ne veulent tous que des sujets, des serviteurs, des valets. Qu'on m'appelle Lopez. Faites battre les tam-tams. Tous les tam-tams, que leurs sons rivalisent avec ceux des cloches; que leurs voix dominent celles des cloches... J'entends me réconcilier avec les miens, avec mon peuple, rétablir l'unité du pays ! mis au pillage par les traitants, ruiné par les guerres... Mbamba, Mbata, Nsundi, Mpangu proclamés indépendants ! La révolte dans le Soya... Il y a aujourd'hui quatre rois du Zaïre, deux grands ducs de Mbamba, trois marquis de Mbata...

Pauvre Zaïre, tout remettre debout, sur pied... que chacun se mette devant sa case et salue la vie à sa façon... Ramenez-moi mes dieux, les dieux de mes ancêtres, ceux qui ne me sont pas prêtés et qui me comprennent. Mettez ici le dieu de la Fécondité, ici le dieu de l'Amitié, ici le dieu de l'Abondance...

Je leur reviens pour poursuivre le dialogue interrompu. Que les cités partout ouvrent les portes à Dona Béatrice et à ses disciples...

TEXEIRA : Le feu a été mis à la maison dès le jour où vous avez répudié les autres femmes...

LE ROI : Je n'ai été qu'un jouet, un pantin. Nous avons dialogué sans nous comprendre, nous avons parlé sans tenir le même langage, vécu dans la même maison sans nous connaître. Ils sont restés des étrangers ; des écumeurs d'océan... des usuriers, des usurpateurs. Qui n'a pas leur amitié devient leur cible. Le droit est mort sous le poids des amitiés et des complaisances. Que Dieu nous garde désormais de toute politique du profit.
Mais que devient Dona Béatrice ?

TEXEIRA : Les Bitandais l'ont arrêtée ce matin.

LE ROI : Oser arrêter Dona Béatrice ? Une femme ? Mais ils sont fous.

TEXEIRA : Vous les connaissiez mal, Majesté.

LE ROI : Arrêter Dona Béatrice ! Dona Béatrice ! Une femme, une sainte... Une sainte !

UN MESSAGER : Monsieur Lopez est là.

LE ROI : Qu'il entre.

> (*Lopez entre accompagné de M. La Promesse.*
> *Sortie du messager et de Texeira.*)

Quel fardeau de braise et de plomb votre amitié ! Sao-Thoga, une belle image ! N'est-il pas peuplé de tous les forbans aujourd'hui devenus gouverneurs et contrôleurs ?...

LOPEZ, *après avoir regardé autour de lui* : Sa Majesté retourne-t-elle à ses fétiches ?

LE ROI : Monsieur Lopez, j'ai décidé d'interdire la traite dans mon royaume.

LA PROMESSE : Interdire la traite, mais vous n'y pensez pas !

LE ROI : Interdire la traite sur tout le territoire du royaume du Zaïre.

LOPEZ : De quel droit ?

LE ROI : Du droit que j'ai d'être le seul maître dans ce pays.

La Promesse : Il est de règle, généralement acceptée, que celui qui possède une chose de bonne foi, peut la vendre et que cette chose peut être achetée.

Le roi : Ma décision est irrévocable.

La Promesse : Le commerce est légal et il n'y a pas à en avoir scrupule.

Lopez : Le bureau de conscience du Bitanda a examiné les aspects moraux et religieux de la situation...

La Promesse : Il admet que c'est rendre service à Dieu que de sauver les âmes dont il s'agit...

Le roi : Il y a partout des âmes à sauver. Même chez vous... J'ai décidé d'interdire la traite dans mon royaume.

(*Rires des autres.*)

Je dis bien dans mon royaume.

La Promesse : Sa Majesté ne fait-elle pas erreur lorsqu'elle parle de son royaume ?

Lopez : Notre rôle a consisté à vous faire comprendre ce que vous persistiez à ne pas tout à fait comprendre. De quel droit importuniez-vous les cours d'Europe ? Le Très-Saint-Père ? La Maison d'Orange ?

Le roi : Si j'avais écouté les miens...

La Promesse : C'est nous les conseillers... nous qu'il faut écouter.

Lopez : Les terres dont nous parlons n'appartiennent-elles pas au souverain du Bitanda ?

Le roi : Que dites-vous ? Mes terres à moi ?

LOPEZ : Elles lui ont été données par vos ancêtres... aux souverains du Bitanda...

(*Il exhibe un papier.*)

LE ROI : C'est une duperie, une infamie.

LOPEZ : Lisez. Nous sommes les hommes de
l'écriture. Rien chez moi ne disparaît ni dans la
mémoire, ni dans...

LE ROI : C'est un vol... Mes terres à moi... Les
terres du Zaïre.

LA PROMESSE : Tout appartient au souverain du
Bitanda...

LOPEZ : Du calme, Majesté. Ne vous a-t-on pas
appris à vous tenir à table. Faudrait-il vous
redonner de nouvelles leçons ?

LE ROI : Voleurs ! Voleurs ! Assis sur un trône
rongé, termité, étranger sur mon propre sol
devenu sol étranger... Eh bien non !

LA PROMESSE : Nous sommes au courant de vos
démarches auprès du Vatican, de la Maison
d'Orange.

LOPEZ : Nous pouvons vous dire que Monsei-
gneur de Sainte-Cécile ne viendra jamais.

LA PROMESSE : Les pirates sont nombreux et les
naufrages faciles... Les Hollandais ont rembar-
qué, les Français et les Anglais ne viendront
jamais à votre secours. Les forteresses de Sao-
Thoga...

LOPEZ : Fernando Pô...

LA PROMESSE : Massangaro

LOPEZ : Ambaca

LA PROMESSE : Cambamba

LOPEZ : Muxima Pongo

LA PROMESSE : Andongo

TOUS DEUX : ... sont pleines de militaires prêts à mettre le pays à feu et à sang.

LE ROI : Mon pays à feu et à sang ! Dépeuplé, ruiné, incendié !

LOPEZ : Un fleuve ne reflue jamais, le fleuve bitandais.
J'ai mission de le dire... et de vous apprendre aussi la plus joyeuse des nouvelles.
                    (*Rires du conseiller.*)
Votre défaite étant totale à Ambouilla, nos valeureuses troupes viennent d'occuper l'île aux cauris, les mines d'or et de cuivre. La fabrication du sel devient un monopole de l'Etat bitandais. Je demande à Sa Majesté de penser à ses affaires, en métropole...

LE ROI : Ah ! Je comprends, bien tard, c'était un gage...

LOPEZ : Sans garanties certaines, sans stabilité, pas d'affaires rentables, Majesté. Refus de travailler...

LA PROMESSE : ... grèves, incendies des factoreries,

LOPEZ : ... attaques des poumberos et des barracons, pillage...

LA PROMESSE : Une révolte permanente installée dans le pays, dressée contre nos intérêts les plus vitaux.

Lopez : ... Vous en qui nous avions mis la confiance la plus totale... osez prétendre interdire la traite...

La Promesse : ... ruiner notre économie...

Lopez : ... battre en brèche notre prestige auprès des autres nations.

Le roi : Je vais faire appel à tous les frères chrétiens d'Occident, ils ne resteront pas sourds à l'appel d'un frère en Jésus-Christ.

(*Rires des autres.*)

La Promesse : S'il y a des cris qu'on n'entend presque jamais, ce sont les cris venus d'outremer.

Lopez : Ils se perdent toujours dans le hurlement des vents. Nous sommes les maîtres.

Le roi : Ils sont les maîtres... oui c'est vrai, je n'ai été que le pourvoyeur des bateaux négriers...

(*Sirènes des bateaux.*)

Ils reviennent pour le fret... Et leur fret ce sont des hommes avec leurs cœurs et leurs rêves... des bras et des vies qui nous enrichissent...

La Promesse : Les maîtres, oui, nous le sommes. Et nous jugerons ce soir Dona Béatrice.

Lopez : Nous ne pouvions pas ne pas assurer la sécurité de nos investissements.

Le roi : Branche séchée dans la forêt vivante, la touffe d'herbe en train de pourrir l'eau, de tuer les poissons; vieux sorcier qui se nourrit de ses propres enfants, des années durant, j'ai régné sur des cadavres; des enfants condamnés avant même d'avoir été conçus, condamnés pour avoir vu le jour sur les bords du Zaïre, dans le royaume du Zaïre. J'ai été le souverain **des** morts, et c'était pour ça...

(*Il tâte une bourse.*)

Singes, crocodiles, papillons, oiseaux, ivoire, hommes, on a traité de tout.

Grand cordon, grand cordeau pour les ultimes séparations, Grand croix pour la crucifixion de mon peuple, et vous, toutes médailles qui bruissez sur ma poitrine, je n'ai été que le serviteur de vos maîtres, le paravent des intérêts les plus sordides...

(*Enlevant ce qu'il a au cou.*)

Je retourne à l'Afrique traditionnelle qui ne portait aucune corde au cou...

A l'aise, maître de mes mouvements et de mon destin...

(*Allant vers un de ses dieux.*)

Me revoici, vous qui me parliez par le degré de clarté du ciel, par le chant, le vol des oiseaux, par le songe, par l'aurore et les couchants, les tempêtes et les ouragans, par le zéphyr et la brise, l'abondance et les disettes, je vous reviens pour redonner ossature à la société, vigueur aux jeunes pousses et aux vieilles jambes...

Je vous reviens pour mon équilibre et pour la paix dans le pays, la paix entre tous ceux qui cohabitent, la paix entre ceux de la forêt et nous, la paix entre ceux des eaux et nous, la paix entre ceux des airs et nous.

Je me dépouille des oripeaux, des masques...

(*Il se défait de ses habits d'emprunt.*)

Je livre mon corps au soleil, au vent, pour qu'il fasse corps avec eux, pour rénover l'alliance de toujours... J'ouvre les bras à tous les frères. Séparez-moi de tous ceux qui ont tenté de me séparer de moi-même, de tous ceux qui ont voulu être nœud, limite, frontière, dédale, labyrinthe, fossé entre vous et moi, entre vous et nous...

LOPEZ : Bâtisseurs du siècle, nous écrivons l'histoire pour tous...

LE ROI : Pour une fraction du monde, pour les maîtres du fouet, de la poudre et des fusils...

(*Regardant les drapeaux.*)

Voilà le malheur, de petits fanions, de petits drapeaux pour les hommes, les peuples, pareils à ceux qui flottent aux mâts des bateaux négriers, sur les forteresses ; de petits carrés d'étoffe pour habiller les peuples, couvrir les peuples...

(*Il les enlève.*)

Qu'à leur place naisse le drapeau sous lequel l'homme ne saurait être objet pour quiconque, gibier pour quiconque. Fanions de guerre, de corsaires, de trafiquants de peuples, compagnies associées contre le bien-être et le bonheur de tous... J'ouvre la voie au monde de demain...

(*Il y met le feu.*
Le conseiller tire sur le roi.)

Vive le Zaïre ! le Zaïre...

LOPEZ : Nous n'avons jamais eu pire ennemi que lui dans ce royaume. Ses intérêts ont sans cesse été à l'encontre des nôtres...

(*Donnant le coup de grâce.*)

Ainsi meurent ceux qui osent nous braver...

(*Crépitements saccadés de tam-tams en colère, chants, bruits de foule.*)

RIDEAU

QUATRIEME TABLEAU

LA REVOLTE

> (*Dans une cour de fort.*
> *Au mur une immense croix.*
> *Sur la table des dossiers, des verres,*
> *des bouteilles, des cigarettes, revol-*
> *vers, fusils...*
> *On entend le tam-tam crépiter.*
> *Attachée au bûcher, Dona Béatrice*
> *veillée par deux soldats : un Bitan-*
> *dais, un du Zaïre.)*

LE MILITAIRE, *entrant* : La voici l'amazone, la fameuse amazone,

> (*Rires.*)

LE NOIR, *entrant* : Qui veut rétablir l'unité du royaume !... Quel royaume ! On est si bien sous les Bitandais... San Salvador...

> (*Rires.*)

San Salvador...

LE COMMERÇANT, *entrant* : Celle qui veut mettre le pays à feu et à sang pour on ne sait quelle unité... Comme si les gens de ce continent étaient capables de s'entendre, de s'unifier... de se ranger sous un drapeau... un seul...

(*Rires.*)

LE CURÉ, *entrant* : Ma fille, il est encore temps de vous ressaisir, de retrouver le droit chemin...

LE NOIR, *buvant* : Il faut la brûler...

(*Rires de tous.*)

LE MILITAIRE : Qui sont tes troupes ?

DONA BÉATRICE : Tout le peuple du Zaïre... Même lui...

LE NOIR : Moi, non !

DONA BÉATRICE : Même lui et surtout lui lorsque ses yeux s'ouvriront...

> (*Le Noir se lève pour aller la frapper; le curé le retient.*)

LE MILITAIRE : La Dona Béatrice qui pensait pouvoir braver notre autorité, qui prenait notre magnanimité pour de la faiblesse...

LE NOIR : Que peut-on faire contre les Bitandais, contre la force bitandaise ? Au lieu de rester tranquille, de faire comme les autres... Ils sont rusés, ils sont forts, ils sont riches. Sans les Bitandais que deviendrions-nous ? Ah ! ma pauvre fille... ma pauvre fille... Ne me regarde pas comme ça, sorcière...

DONA BÉATRICE: Je regarde la croix sur laquelle, par tradition, on recrucifie les pauvres... et surtout nous...

Le curé : Elle était plus jeune, il y a six ans lorsqu'on la baptisait.

Le commerçant : L'alliance avec le diable a de nombreux inconvénients, en particulier celui de faire vieillir assez tôt.

Le Noir : Ah ! ma fille, si j'avais été écouté. Mais... nous les vieux... voilà...

Dona Béatrice : Nous sommes les peuples qui portant le poids des autres vieillissent dès le berceau. Mais nous avons espoir de voir Dieu sourire un jour à nous aussi...

Le Noir : Il faut la tuer... Ne prêche-t-elle pas la révolution ? Le pays était si tranquille, les affaires si prospères ! Elle a semé l'incendie partout. Il faut un exemple, un terrible exemple... que plus personne dans ce pays n'ose se dresser contre notre autorité...

Le militaire : Etes-vous vraiment le chef de ceux qui veulent soulever le Zaïre contre Sa Majesté le roi du Bitanda ?

Dona Béatrice : Oui...

Le curé : Est-il vrai que vous avez voulu rétablir le culte des fétiches ?

Dona Béatrice : Quel culte n'a ses fétiches... Qu'est San José Resgatado pour de nombreux Bitandais ? Pour ceux qui brûlent des cierges et fleurissent sa statue ?

Tous : Blasphème ! Blasphème !

Le militaire : San José Resgatado est un authentique saint bitandais...

Le Noir : C'est le diable qui parle en elle.

Dona Béatrice : Je dis aux hommes de refuser les dieux des sujétions, les dieux des misères, les dieux de la traite...

Le noir : Ce sont de tels propos qui ont troublé le pays... Il faut la tuer...

(*Il se saisit d'un fusil...*
Le curé le retient.)

Dona Béatrice : Le *saint Gabriel Archange* est en rade ! La *Sainte Vierge de la Pitié* est en rade, le *Dieu le Père* est en rade. Est-ce que Celui qui a créé fleurs, papillons, oiseaux, autorise ces affronts et ces misères ?
Les fétiches, c'est vous qui les servez !

Le curé : Ma fille, la patience de Dieu est immense, et les voies du Seigneur, multiples. Tous enfants de Dieu...

Dona Béatrice : Avec chacun son quartier, chacun son cimetière... l'enfer pour les uns, le paradis pour les autres.
Le dieu des dynasties et des castes ? Non ! le dieu des couleurs et de la faim ? Non !

Le curé: Reconnaissez-vous ma fille, avoir tenté de rétablir le culte des faux dieux ?

Le Noir : Mais mon père, elle n'a fait que cela. Elle a ordonné de brûler la croix, de ne plus honorer aucun saint bitandais... Elle a fait pire...

Dona Béatrice : Quel dieu vaincu ne passe pour faux dieu ?

Le commerçant : Avez-vous entendu ? C'est le diable en elle qui parle.

Le Noir : Je vous l'ai toujours dit et redit, c'est le diable... Regardez-la bien ! Observez-la bien... attentivement... c'est le diable ! en personne...

Le militaire : Elle aurait même rétabli les sacrifices humains...

Le curé : Est-ce vrai, ma fille ?

Dona Béatrice : Les sacrifices humains au Zaïre, vous en êtes tous les grands-prêtres...

Tous : Oh ! Oh ! Est-ce possible ?

Le curé : Ma fille, ma fille, faites attention à ce que vous dites. Le monde est ce qu'il est. Nous essayons tous de le faire avancer sans brusquerie. Dieu est douceur, doigté, patience !

Le Noir : Messieurs, j'admire votre patience... Ah! chez nous, c'est expéditif... Tout serait fini... le moindre soupçon aurait suffi... Que voulez-vous savoir encore ?... davantage... elle reconnaît être le chef des rebelles...

Le curé : Avez-vous une pointe de regret, ma fille... Vous savez la miséricorde de Dieu est immense...

Dona Béatrice : Oui...

Tous : Ah !

Dona Béatrice : De constater que le peuple a mis trop de temps pour comprendre, pour vous bouter dehors.

Tous : Oh ! Oh ! Est-ce possible...

Le Noir : Il faut la brûler... tout de suite... que le châtiment soit exemplaire... C'est pour la sécurité même du Zaïre, pour le bonheur même du Zaïre.

Le commerçant : Connaissez-vous Junga de Matamba ?

LE NOIR, *riant* : Cette autre folle qui veut combattre le Bitandais ?

LE MILITAIRE : Connaissez-vous Junga de Matamba ? (*Silence.*) Répondez !

TOUS : Ré-pon-dez !

LE NOIR : En aura-t-elle le courage ? Contester le pouvoir bitandais.

DONA BÉATRICE : Oui, je la connais très bien.

TOUS : Nous tenons la preuve de la conspiration.

LE COMMERÇANT : Intelligence avec l'ennemi.

LE MILITAIRE : Atteinte à l'intégrité territoriale du royaume...

LE COMMERÇANT : Où nous sommes pour le bonheur de tous, pour semer la bonne parole !

LE CURÉ : Ma fille, il est encore temps, pensez au salut de votre âme... votre âme, ma fille... pensez à Dieu...

DONA BÉATRICE : Je pense à ce que vous auriez tous fait si nous étions partis au Bitanda livrer la chasse aux hommes, aux femmes, aux enfants... y semer la désolation...

TOUS : Est-ce pensable !...
Une imagination débridée.

LE COMMERÇANT : La folie des grandeurs.

LE MILITAIRE : La morbide volonté de laisser un nom dans l'histoire.

LE CURÉ : Ma fille... écoutez la voix de votre conscience.

C'est encore la voix de Dieu...

DONA BÉATRICE : Eh bien, elle me commande de libérer mon pays.

LE NOIR : Et voilà, les barracons brûlent, les baraquements brûlent, les factoreries brûlent. Partout règne l'insécurité. L'œuvre du diable... Et vous lui demandez de penser à Dieu, à quel dieu... sinon au dieu de la violence, de la révolte, du carnage, du sang !

LE COMMERÇANT : Elle m'a fait perdre des millions ! qu'elle s'attaque à Dieu, à tous les dieux, passe, mais qu'elle entrave le commerce... Je crie non ! halte-là !

LE NOIR : Il faut la brûler, les sorcières on les brûle.

LE MILITAIRE : Dites-moi, pourquoi ce sont les femmes qui prêchent la révolte ?

DONA BÉATRICE : Les femmes ont levé l'étendard de la dignité parce que l'amour de l'argent a tué le courage dans le cœur des hommes, parce que les honneurs ont corrompu les hommes... Ils sont nombreux comme celui-ci... mais nous sommes décidées à leur apprendre...

TOUS : Quoi ?... Quoi ?
            (*Rires.*)

LE MILITAIRE : Que pouvez-vous apprendre aux hommes ?

DONA BÉATRICE : A ne plus avoir peur, même à vous Bitandais, à ne plus avoir peur...

TOUS : Nous ? Nous ? Bitandais ?
            (*Rires.*)

Dona Béatrice : A ne plus avoir peur d'avoir faim, d'avoir soif, d'avoir froid; à ne plus avoir peur d'aujourd'hui, peur de demain, du lendemain...

(*Rires de tous.*)

Je veux vous apprendre à vivre...

Le Noir : Il nous suffira de vous voir mourir pour bien apprendre à vivre... Il faut la brûler...

Le commerçant : Vous auriez un chien ?

Dona Béatrice : Je l'appelle Bakossa bisso, « Ils nous trompent ».

Le commerçant : Mauvais esprit !

Le militaire : Et un chat aussi ?

Dona Béatrice : Bayiba bisso, « Ils nous volent ».

Le commerçant : Très mauvais esprit...

Le curé : Et un fils ?

Dona Béatrice : N'Zambe a batela bisso, « Que Dieu nous sauve ».

Le curé : Est-il vrai que le père de votre enfant serait...

Dona Béatrice : Saint Jean !

Tous : Elle est folle ! folle ! folle !
Saint Jean !

Le curé : Enfin, ma fille, comprenez... n'aggravez pas votre cas... vous pouvez encore vous en sortir...

LE NOIR : Il faut la brûler.

DONA BÉATRICE : Je dis saint Jean...

LE COMMERÇANT : C'est la peste !

LE MILITAIRE : C'est le diable.

LE NOIR : Il faut la brûler. Attendez que le continent un jour se retrouve et vous verrez ! Perdre son temps en procès alors que la preuve est là, palpable, formelle, irrécusable. A-t-elle été torturée ?... Le temps c'est de l'argent, messieurs... Il faut...

LE MILITAIRE : Vous avez raison. Notre patience est à bout.

DONA BÉATRICE : La nôtre aussi. Nous avons dépassé les limites de la patience... Nous sommes contraints de montrer les poings... autrement Dieu, même le vôtre, jamais ne nous pardonnerait. N'est-ce pas lui qu'on bat en nous ?...

LE NOIR : Il faut la brûler...

LE COMMERÇANT : Elle a ruiné l'économie. Nous perdons des millions chaque jour... l'économie du Bitanda...

LE MILITAIRE: Elle a bravé l'autorité du Bitanda...

LE CURÉ : Semé le trouble dans les esprits...

(*Sirène de bateau.*)

LE COMMERÇANT : Le *Jésus Saint-Sauveur* est en rade... Il faut en finir, messieurs...

LE NOIR : Il faut la brûler...

LE CURÉ : Le doute dans les cœurs.

DONA BÉATRICE : Qui s'est-il allié aux Zakas opposés à la religion chrétienne pour combattre le Très cher frère très aimé du très chrétien roi du Bitanda...

LE MILITAIRE : Elle va maintenant nous accuser d'avoir pacifié le pays,

LE COMMERÇANT : D'enrichir le royaume.

DONA BÉATRICE : Qui a fait assassiner Diogo Ier, Bernardo Ier, Alvarez Ier, Alvarez II, et j'en passe... Qui ?

LE MILITAIRE : Assassins, nous qui vous apportons la paix ? la sécurité ?

LE COMMERÇANT : La fortune, l'aisance ?

TOUS : Nous qui sommes pour vous la Providence ?

DONA BÉATRICE : Me brûler !
N'avez-vous pas froidement assassiné le roi parce qu'il avait enfin compris qu'il n'était que votre captif... Me brûler ! Prenez garde que l'incendie allumé ne s'éteigne qu'avec le départ du dernier Bitandais... du dernier Bitandais, j'ai dit...

LE NOIR : Il faut la brûler...

LE MILITAIRE : Vous auriez ordonné aux gens de ne plus payer la dîme et les droits du casuel.

DONA BÉATRICE : Oui...

LE COMMERÇANT : Et pourquoi ?

DONA BÉATRICE : Parce que les hommes n'ont plus rien... le pays est ruiné. Vous seuls êtes riches... Si de vos quartiers vous nous entendez chanter... si de vos somptueuses demeures vous entendez monter les appels du tam-tam, c'est pour tenir éveillés les dieux...

(*Sirène de bateau.*)

Tous :
— Les dieux...
   — ... les dieux païens, oh ! oh !

(*Sirène de bateau.*)

Le commerçant : Messieurs, il faut en finir... le *Notre-Dame de la Miséricorde* est en rade...

(*Sirène de bateau.*)

Le *Jésus de la Paix* est là aussi...

Le curé : On a dit que vous lisez des signes dans le ciel.

Dona Béatrice : Je lis surtout dans les yeux des hommes. Je veux que chacun s'assume, que chacun sache quelle merveille de création il est, quelle somme de rêves prodigieux il porte en lui. Je refuse qu'on fasse de nous des bêtes étiques pour abattoir céleste. Je dis à mes frères et sœurs du Zaïre de renverser les structures imposées devenues corsets d'airain sur lesquels veillent des spécialistes attentifs. Je lis dans les yeux et même dans les vôtres, charriant des flots de peurs.

Tous :
— Nous !
— Nous !
— Avoir peur !
— Peur de qui ?...

Dona Béatrice : Peur de tout... même de nous...

Le Noir : Il faut la brûler...

Tous : Il faut la brûler...

Le Noir : Enfin ! J'ai eu raison...

> (*Le feu est mis au bûcher, tam-tam
> en crescendo... les juges boivent.*)

Dona Béatrice : N'Zambé ! N'Zambé ! Dieu au-
dessus des dieux, des castes et des couleurs; toi
pour qui tombe et berceau n'ont pas de sens,
toi qui a mis au cœur de tout homme l'amour
des autres, la passion de la vérité vraie, pour la
libération véritable, l'unité sans faille, pour le
bonheur vrai des hommes, de tous les hommes
où qu'ils soient et quels qu'ils soient, que cette
flamme qui monte du plus vieux de tes conti-
nents, remette sur pied le jour, en selle, le
bonheur, débride la joie, désenchaîne la danse,
démomifie l'amour... (*Rires des autres.*) Que ma
terre cesse d'être appendice, mine, caverne, réservoir, carrière, grenier pour les autres, enfer
pour nous.

> (*Crépitements de tam-tams mêlés aux
> cloches... et aux tocsins.*
> *L'obscurité éclairée par des torches.*
> *Chant martial du peuple.*)

FIN

Abidjan, le 27 octobre 1969.

TABLE DES MATIERES